Johannes Maximilian Hartwig Fuhrmann

Die alliterierenden Sprachformeln in Morris' Early English alliterative poems

und im Sir Gawayne and the Green Knight

Johannes Maximilian Hartwig Fuhrmann

Die alliterierenden Sprachformeln in Morris' Early English alliterative poems
und im Sir Gawayne and the Green Knight

ISBN/EAN: 9783744691147

Hergestellt in Europa, USA, Kanada, Australien, Japan

Cover: Foto ©Andreas Hilbeck / pixelio.de

Weitere Bücher finden Sie auf www.hansebooks.com

Die alliterierenden Sprachformeln

in

Morris' Early English Alliterative Poems

und im

Sir Gawayne and the Green Knight.

Inaugural-Dissertation

zur

Erlangung der philosophischen Doktorwürde

an der

Universität zu Kiel

von

Johannes Fuhrmann

aus Neumünster i. H.

HAMBURG

William Hintel's Buchdruckerei, Steintwiete 20.

1886.

Erklärung der Abkürzungen
und
Angabe der Quellen.

M. u. Z. — Müller und Zarncke. Mittel-hochdeutsches Wörterbuch.
Lex. — Lexer. Mittelhochdeutsches Wörterbuch und Supplement zu Müller und Zarncke.
Sch. u. L. — Mittelniederdeutsches Wörterbuch von K. Schiller und A. Lübben; Bremen 1875.
Lindner. — Die Alliteration bei Chaucer; im Jahrbuch für romanische und englische Sprache und Literatur B. XIV. Leipzig 1875.
Regel. — Die Alliteration bei Laȝamon; Bartsch, germanische Studien I, 171—246.
Carl Schulze. — Die sprichwörtlichen Formeln der deutschen Sprache; Herrig's Archiv. B. 48—54.
K. Seitz. — Zur Alliteration im Neuenglischen. Progr. des Realprogymnasiums zu Itzehoe. Ostern 1883. Fortsetzung: Programm 1884.

Texte:

Ad. — Adam Davy's Five Dreams About Edward II.; E. E. t. s. No. 69. ed Furnivall.
Ael. — Aella ATragycalEnterlude in „Poems. supposed to have been written at Bristol, by Thomas Rowley, and others, in the 15. century;" London 1777.
Al. — Englische Alexiuslegenden aus dem XIV. und XV. Jahrh., ed. J. Schipper.
Al. — (MS. Laud. 463. Laud. 622. Vern. Trin. Cott. etc.) The Legend of Life of St. Alexius, ed. Furnivall; E. E. t. s. No. 69.
Am. a. A. — Amis and Amiloun, ed. Kölbing.
Am. — Sir Amadace in Early English Metrical Romances, ed. John Robson, printed for the Camden Society.
An. — Anecdota literaria. ed. Thomas Wright.
Ant. — The Anturs of Arther at the Tarnewathelan in Robson's Early Engl. Metr. Romances, printed for the Camden Society.

Au. — The Poems of John Audelay, ed J. O. Halliwell; Percy Soc. 14.
Av. — The Avowynge of King Arther. Sir Gawan, Sir Kaye, and Sir Bawdewyn of Bretan in Robson's Early English Metr. Romances, printed for the Camden Society.
Ba. — A comedy concernynge thre lawes by John Bale, ed. A. Schröer Angl. V. 160 u. f.
Bar. L. — Barbour's, des schottischen Nationaldichters Legendensammlung, herausgeg. C. Horstmann; Heilbronn 1881.
Bar. B. — The Bruce, or the history of Robert I. King of Scotland. Written in Scottish verse by John Barbour with notes and a glossary by J. Pinkerton; London 1790.
Bar. T. — Die Fragmente von Barbour's Trojanerkrieg, herausgegeben C. Horstmann; Heilbronn 1881.
Bat. — The Battle of Hastings in „Poems, supposed to have been written at Bristol, by Thomas Rowley, and others, in the 15 century;" London 1777.
Be. D. D. — Be Domes Dæge, ed. J. Rawson Lumby; E. E. t. s. 65.
Bek. — The Life and Martyrdom of Thomas Beket, Archbishop of Canterbury from the series of lives and legends now proved to have been composed by Robert of Gloucester, ed. W. H. Black; Percy Society 19.
Bek. — Engl. Stud. Thomas Beket, epische Legende von Laurentius Wade (1497), nach der einzigen hs. im Corp. Chr. Coll. Cambr. 298 p. I. ff. herausgegeben von C. Horstmann, Engl. Stud. III. 411 u. f.
Ben. — Versifizirte Benediktinerregel im „northern dialect", ed. K. Böddeker, Engl. Stud. II. 61 u. f
Ber. — Die Sprüche des heiligen Bernhard, ed. Varnhagen; Angl. III. 60 u. f. III. 285 u. f.
Bes. — The most pleasant song of Lady Bessy; and how she married King Henry the Seventh of the house of Lancaster, ed J. O. Halliwell; Percy Soc. 20.
Bev. — Bevys of Hamtoun, ed. Kölbing; Engl. Stud. VII. 177 u. f.
Bod. a. S. — A. disputeson betwen the body and the sowle, ed. Varnhagen; Angl. II. 229 u. f.
Bok. — Osbern Bokenam's Legenden, herausgegeben von C. Horstmann; Heilbronn 1883.
Bok. o. C. — The Boke of Curtasye, ed. J. O. Halliwell; Percy Sec. IV.
Br. — St. Brandan, ed. Th. Wright; Percy Soc. 14.
Cat. — Cato's Morals, ed. Morris; E. E. t. s. No. 66
Cel. — Legende vom Papst Celestin, ed. Horstmann; Angl. I. 67 u. f.
Ch. o. B. — The Childe of Bristow, a poem by John Lydgate, ed. J. Payne Collier im Camden Miscellany vol. IV.
Civ. G. — The Civic Garland. A collection of songs from London pageants, ed. F. W. Fairholt; Percy Soc. 19.
Clan. — Clannesse in Early English Alliterative Poems, ed. R. Morris; 2. edit. E. E. t. s.
Cl. M. — Clene Maydenhod, ed. Furnivall; E. E. t. s. No. 25.
Crist. C. — Specimens of Old Cristmas Carols, ed. Th. Wright; Percy Society 4.
Cur. M. — Cursor Mundi, ed. R. Morris; E. E. t. s. No. 57, 59, 62, 66.
Cyt. a. U. — The Cytezen and Uplondyshman, an eclogue, by Alexander Barclay, ed. Fairholt; Percy Soc. 22.
Crown. K. — The Crowned King, ed. W. Skeat; E. E. t. s. No. 54.
Deg. — The Romance of Sir Degrevant, ed. Halliwell in Thornton Romances; printed for the Camd. Soc.

Des. — The Gest Hystoriale of the Destruction of Troy, ed. A. Panton and D. Donaldson; E. E. t s. No. 39, 56.
Dis. Ch. — The Interlude of the Disobedient Child, ed. J. O. Halliwell; Percy Soc. 22.
Dros. u. N. — Streitgedicht zwischen Drossel und Nachtigall, ed. Varnhagen; Angl. IV. 207 u. f.
Egl. — The Romance of Sir Eglamour of Artois, ed. Halliwell in Thornton Romances, printed for the Camden Society.
Ell. P. — Specimens of the Early English Poets, ed. by George Ellis; London 1811.
Ell. R. — Specimens of Early English Metrical Romances chiefly written during the early part of the fourteenth century, ed. by George Ellis: London 1811.
Erc. — Thomas of Erceldoune, ed. Alois Brandl; Berlin 1880.
E. T. — The Erl of Tolous and the Emperes of Almayn, ed. G. Lüdtke in „Sammlung englischer Denkmäler" B. 3.
Flor. a. B. — Floris and Blauncheflur, ed. E. Hausknecht in „Sammlung englischer Denkmäler" B. 5.
F. El. — The Interlude of the Four Elements, ed. J. O. Halliwell; Percy Soc. 22.
Gaw. — Sir Gawayne and the green knight, ed. R. Morris; E. E. t. s., 2. edit. No. 4.
Gen. — Generydes, a romance in sevenline stanzas, ed. W. Wright No 55 u. 70; E. E. t. s.
Geo. — An Anglo-Saxon Passion of S. George, ed. C. Hardwick; Percy Soc. 28.
God. — God spede the Plough, ed. Skeat; E. E. t. s. No. 30.
Godw. — Godwyn in „Poems, supposed etc. by Thom. Rowley"; London 1777.
Gol. a. G. — The Knightly Tale of Golagros and Gawane, ed. Trautmann; Angl. II. 410.
Gow. — Confessio Amantis of John Gower, ed. Dr. Reinhold Pauli; London 1857.
Gowth. — Sir Gowther, ed. Karl Breul, Diss.; Berlin 1883.
Gr. — The Grave, ed. A. Schröer; Angl. V. 289 u. f.
Grein. — Bibliothek der angelsächsischen Poesie; B. 1—4.
Har. o. B — The Harmony of Birds; Percy Soc. 7.
Haz — A Select Collection of Old English Plays, ed. W. Carew Hazlitt vol. 1 u. 2.
Hél. — Héliand mit Glossar, herausgeg. von M. Heyne; Paderborn 1883.
Hen. — Die Sprüchwörter Hendings, ed. Varnhagen; Angl. IV. 182 u. f.
H. H. — The Harrowing of Hell, herausgeg. E. Mall; Berlin 1871.
Hoc. — Ballad by Thomas Occleve addressed to Sir John Oldcastle, ed. L. Toulmin Smith; Angl. V. 23.
Horn. — Das Lied von King Horn, ed. Th. Wissmann in „Quellen und Forschungen", ed. ten Brink und Scherer.
Hil. — Das Hildebrandslied, ed. C. W. H. Grein.
Jos. — Joseph of Arimathie, ed. Skeat; E. E. t. s. No. 44.
Jul. — þe Liflade of St. Juliana, ed. O. Cockayne; E. E. t. s. No. 51.
S. Jul. — Seyn Juliana, ed. O. Cockayne. E. E. t. s. No. 51.
Is. — The Romance of Sir Isumbras in „Thornton Romances", ed. J. O. Halliwell.
Is. — Das Neapler Fragment des Sir Isumbras, ed. E. Kölbing. Engl. Stud. III. 200 u. f.
Kin. — Ancient Scottish Ballads, ed. Geo. R. Kinloch; London 1827.
Lan. — The Vision of William concerning Piers the Plowman by Langland, ed. Skeat; E. E. t. s. No. 17, 28, 30, 38, 54.
Lay l. F. — Lay le Freine, ed. Varnhagen; Angl. III. 533 u. f.

L. d. Fr. — Lob der Frauen. Kleine Publikationen aus der Auchinleck-HS. Engl. Stud. VII.
Leb. J. — Leben Jesu, ein Fragment aus Ms. Laud 108, ed. C. Horstmann; Münster 1873.
L. H. R. — Legends of the Holy Rood, Symbols of the Passion and Cross-Poems, ed. R. Morris: E. E. t. s. No. 46
Lud. — Ludus Coventriae, ed. J. O. Halliwell: London 1841.
Lyd. — A. Selection from the Minor Poems of Dan John Lydgate, ed. J. O. Halliwell: Percy Soc. 2.
Lyn. — The Monarche and other poems in Sir David Lyndesay's Works, Part. I —V.; E. E. t. s. No. 19, 35, 37, 47.
Mar. — Eine Marienklage, ed. Wülcker; Angl. II. 253 u. f.
Max. — Le regret de Maximian, ed. Varnhagen; Angl. III. 278.
M. — Altenglische Sprachproben, ed. E. Mätzner; Berlin 1867.
M. Cock. — Mätzner. The Land of Cokaygne.
M. Al. — Mätzner. Kyng Alisaunder.
M. Dun. — Mätzner. St. Dunstan.
M. Crist -- Mätzner. St Cristopher.
M. Mar. — Mätzner. St. Margaret.
M. M. Hom. — Mätzner. Metrical Homilies.
M. Pr. C. — Mätzner. Richard Rolle de Hampole, Prick of Conscience.
M. Town. M. — Mätzner. Towneley Mysteries.
Med. — Meditations on the Supper of our Lord, drawn into English Verse by Robert Manning of Brunne, ed. J. Meadows Cowper; E. E. t. s. No. 60.
Merch. — Here foloweþ how a merchande dyd his wyfe betray. Kleine Publikationen aus der Auchinleck-HS. Engl. Stud. VII.
Min. — Laurence Minot's Lieder, ed. W. Scholle in „Quellen und Forschungen" von ten Brink und Scherer.
Minst. — Minstrelsy of the Scottish Border, ed. Walter Scott: Edinburgh 1803.
Mis. — An Old English Miscellany, ed. R. Morris: E. E. t. s. No. 49.
Mus. — Zum Muspilli und zur germanischen Alliterationspoesie. ed. von Vetter.
Nic. — Evangelium Nicodemi, ed. C. Horstmann; Herrig's Archiv: B. 53.
O. a. N. — The Owl and the Nightingale, ed. Th. Wright; Perc. Soc. 11.
Oct. — The Romance of the Emperor Octavian, ed. J. O. Halliwell; Percy Soc. 14.
O. Ball. — Old Ballads from Early Printed Copies, ed. J. Payne Collier; Percy Soc. 1.
O. Scot. Ball. — Old Scottish Ballads; Percy Soc. 17.
O. Myl. — Owayne Myles, ed. E. Kölbing; Engl. Stud. I. 113 u. f.
Par. P. — Paraphrasis Poetica in Doxologiam; E. E. t. s. No. 65.
P. — Poem on the evil times of Edward II., ed. by Hardwick: Percy Soc. 28.
Pas. o. P. — The Pastime of Pleasure, an allegorical poem, by Stephen Hawes; Percy Soc. 18.
Pat. — Patience in Early English Alliterative Poems, ed. R. Morris; E. E. t s.
Patr. — Purgatorium Sancti Patricii, ed. E. Kölbing: Engl. Stud. I. 98 u. f.
Pau. — Die Vision des heiligen Paulus aus Ms. Vernon, Fol. 229, ed. C. Horstmann; Engl. Stud. I. 295 u. f.
Pea. — The Pearl in Morris' Early English Alliterative Poems: E. E. t. s.
Pen. o. W. — A peniworþ of witte. Kleinere Publikationen aus der Auchinleck-HS.; Engl. Stud. VII.
Pen. P. — A Paraphrase on the Seven Penitential Psalms, ed. W. H. Black; Percy Soc. 7.

Per. — The Romance of Sir Perceval of Galles in Thornton Romances, ed. J. O. Halliwell, printed for the Camden Society.
P. Fol. — Bishop Percy's Folio Manuscript, ed. J. Hales and F. J. Furnivall.
— — — Loose and Humorous Songs, ed. Hales and Furnivall.
Pl. Cr. — Pierce the Ploughmans Crede, ed. Skeat; E. E. t s. No. 30.
P. Rel. — Reliques of Ancient English Poetry by Thomas Percy.
Pr. a. P. S. — A collection of Proverbs and Popular Songs by M. A. Denham; Percy Soc. 20.
Ps. — Thirteen Psalms and the first Chapter of Ecclesiastics translated into English by John Croke, ed. Th, Wright; Percy Soc. 11.
P. S. — The Political Songs of England, ed. by Thomas Wright; printed for the Camden Soc.
Rat R. — Ratis Raving and other moral and religious pieces, ed. J. Rawson Lumby; E. E. t. s. No 43.
Rel. A. — Reliquiae Antiquae, ed. Th. Wright and J. O. Halliwell.
Reyn. F. — The History of Reynard the Fox, ed. W. J. Thoms; Percy Soc. 12.
Rich. R. — Richard the Redeles, ed. Skeat; E. E. t. s. No. 54.
Rim. — A Little Book of Songs and Ballads, gathered from Ancient Musick Books, by E. F. Rimbault; London 1851.
Rob. H. — The Robin Hood Garlands and Ballads, ed. J. M. Gutch; London 1850.
R. S — Religious Songs, ed. Th. Wright; Percy Soc. 11.
S. a. C. — Songs and Carols, now first printed, from a manuscript of the 15 century, ed. by Th. Wright; Percy Soc. 23.
S. A. L. a — Altenglische Legenden. Aus den verschiedenen Mss. zum ersten Male herausgegeben von C. Horstmann; Paderborn 1875.
S. A. L. b — Sammlung altenglischer Legenden grösstentheils zum ersten Male herausgegeben von C. Horstmann; Heilbronn 1878.
Sat. S. — Satirical Songs and Poems on Costume from the 13th to the 19th century, ed. W. Fairholt; Percy Soc. 27.
See. u. L. — Die Fragmente der Rede der Seele an den Leichnam. Aus der Worcester HS, herausgegeben von E. Haufe.
Shor. — The Religious Poems of William de Shoreham; Percy Soc. 28.
Sig. a. J. — Signa ante Judicium, ed. Varnhagen; Angl. III. 533 u. f.
S. Ball. — Six Ballads with Burdens from MS. No. CLXVIII in the library of Corpus Cristi College, Cambridge, ed. by James Godwin; Percy Soc. 13.
Skr. — The Skryvener's Play, The Incredulity of St. Thomas, ed. J. Payne Collier; Camden Miscellany IV.
Son. a. B. — Songs and Ballads relative to the London Prentices and Trades; Percy Soc. 1.
Spec. — Specimens of Lyric Poetry, composed in England in the reign of Edward the First, ed. Th. Wright; Percy Soc. 4.
Spec. K. A. P. — Specimens of King Alfred's Proverbs, ed. by L. G. Nilsson.
S. S. — The Seven Sages, ed. Th. Wright; Percy Soc. 16.
Stac. — The Stacions of Rome, ed Furnivall; E. E. t. s. No. 25.
Sus. — Susanna, ed. C. Horstmann; Angl. I. 93 u. f.
Theo. — Die jüngere englische Fassung der Theophilussage, ed. E. Kölbing; Engl. Stud. I. 38 u. f.
Trea. — Popular treatises on science written during the middle ages, ed. Th. Wright.

Tria. — The Romance of Sir Tryamoure, ed. J. O. Halliwell; Percy Soc. 16.
Tri. — Die nordische und die englische Version der Tristansage, ed. E. Kölbing. 2. Theil: Sir Tristrem; Heilbronn 1882.
Urs. — Balladen und Lieder altenglischer und altschottischer Dichtart, herausgegeben von A. F. Ursinus; Berlin 1777.
Wes. — Das Wessobrunner Gebet und die Wessobrunner Glossen, herausgegeben von W. Wackernagel; Berlin 1827.
Wit. a. F. — A Dialogue on Wit and Foly by John Heywood, ed. F. W Fairholt; Percy Soc. 20.
Wül. — Kleinere angelsächsische Dichtungen, herausgegeben von R. P. Wülcker; Halle 1882.
Z. Orf. — Sir Orfeo 1. Theil. Stil und Ueberlieferung des Gedichtes von Oscar Zielke, Diss.; Breslau 1879.

Der Zweck der vorliegenden Arbeit ist, das Vorkommen volksthümlicher Alliteration im Englischen um die Mitte des vierzehnten Jahrhunderts nachzuweisen, als die anglonormannische Sprache nur noch ein künstliches Dasein fristete und zugleich mit der Steigerung des englischen Nationalbewusstseins die altgermanische Alliterationspoesie eine Nachblüthe in England erlebte.

Aus dieser Zeit tritt uns eine Anzahl von Romanen entgegen, welche der bisherigen Entwicklung der mittelenglischen Poesie gänzlich zu widersprechen scheinen, denn sie behandeln einen modernen Stoff in der alterthümlichen aber ächt germanischen Form der alliterierenden reimlosen Langzeile. Die Wiedereinführung dieser nationalen Metrik ist als eine Reaktion gegen die durch romanischen Einfluss in England eingeführten Reimdichtung anzusehen.

War es aber möglich, nachdem seit dem 11. Jahrhundert die romanischen Metren ihren Eingang in die englische Poesie gefunden hatten, während die Alliteration ausser in einigen Heiligenleben aus dem Ende des zwölften und Anfang des 13. Jahrhunderts nur als dichterischer Schmuck diente, dem Stabreim seine Stellung als Bindemittel des Verses wiederzugeben, ohne in übertriebene Künstelei zu verfallen und sich zu sehr vom Geiste volksthümlicher Dichtung zu entfernen?

„Was wirklich todt war, liess sich nicht wieder beleben, was in Saft und Blut der Nation übergegangen war, liess sich nicht beseitigen," sagt ten Brink in seiner Literaturgeschichte. In wie weit es aber den Dichtern gelungen ist, das im Verborgenen Lebende an das Tageslicht zu ziehen, dem in den letzten Zügen Liegenden durch sorgsame Pflege das Dasein zu fristen, dem Schwankenden eine bestimmte Richtung anzuweisen," möge die Aufgabe unserer Untersuchung sein.

Während alle germanischen Sprachen den Hauptton der Wörter auf die Stammsylbe legen, so hat ihn doch keine von ihnen dort so concentrirt wie das Englische, da die Endsylben sehr bald dem Verfall anheimgegeben waren. Was Wunder, dass das Volk, da die Flexion beinahe ganz dahinschwand, den Schatz der Alliterationsformeln, die Zierde des Anlauts, um so energischer bewahrte. Das Englische war daher von allen germanischen Sprachen am meisten geeignet, noch im späten Mittelalter die altgermanische Stabreimdichtung wiederzuerwecken.

Um die Möglichkeit dieses Vorgangs nachzuweisen, handelt es sich darum festzustellen, welche volksthümlichen Wortverbindungen des Altnordischen, Althochdeutschen, Altsächsischen, Altfriesischen im Mittelenglischen noch lebendig sind und welche Sprachformeln im Mittelhochdeutschen und Mittelniederdeutschen eine Parallele finden. Aber auch in späterer Zeit war der Alliterationstrieb stark genug im Volke entwickelt, um neue Wendungen zu erfinden, denn in fast allen Dichtungen besteht neben dem Endreim der Stabreim. Auch diese jüngeren Bildungen sowie die freilich erstarrten Formeln des Neuenglischen sind für die Beurtheilung der mittelenglischen reimlosen Stabreimdichtung zu berücksichtigen. Schliesslich bleibt noch das romanische Element, welches Regel für *Laʒamon* noch vernachlässigen dürfte, zu betrachten, da es in die alliterierenden Redewendungen vielfach Eingang gefunden hat.

Um meine Aufgabe vollständig zu lösen, wäre es freilich nöthig gewesen, alle Romane der reimlosen Alliterationsdichtung auf die Volksthümlichkeit ihres Formelschatzes hin zu untersuchen. Aber bei der grossen Menge des Materials, das mir unter den Händen wuchs, war die Beschränkung auf den genialsten unbekannten Dichter jener Literaturperiode geboten.

Freilich könnte auf den ersten Blick dieser Dichter wenig geeignet für den Zweck unserer Betrachtung erscheinen. Gerade seine hochbedeutende poetische Begabung, die sich unter Anderm in einer vorzüglichen Detailmalerei äussert, treibt ihn dazu, die vielfach schon erstarrten Alliterationsformeln ungewöhnlich frei und nur in lose gebundener Form zu verwerthen. In seinen vortrefflichen Schilderungen der Sündfluth (Clan. 363 u. f.), des Ankerlichtens (Pat. 101 u. f.), des Seesturms (Pat. 137) fehlen Anklänge an althergebrachte Alliterationsverbindungen. Wenn er uns erzählt, wie es bei der Jagd hergeht (Gaw 1324 u. f), wie ein Ritter ausgerüstet und gekleidet wird (Gaw. 151 u. f. 597 u. f.), geben ihm naturgemäss die vielen aus dem romanischen Culturleben entlehnten technischen Ausdrücke keine Gelegenheit, volksthümliche Wendungen zu gebrauchen. Anders ist es bei seinen schönen Naturbetrachtungen, so z. B. (Clan. 893. 894), des Sonnenaufgangs: „*Ruddon of þe day rawe ros vpon rȝten, When merk of þe mydnyȝt moȝt no more last,*" des Wintermorgens (Gaw. 2078 u. f. 2000 u. f.) Aber dieser Autor verfährt weniger darin kunstmässig, als er neue Stabreime selbstständig bildet, als dass er den bestehenden Formeln eine so veränderte Gestalt giebt, dass sie nur schwer in der sonderbaren Einkleidung wiederzuerkennen sind, so *hyle and hide: þou unhyles vch hidde þat heuen kyng myntes.* Clan. 1628. *diȝt dom: domeȝ-day schulde haf ben diȝt on þe morn.* Gaw. 1884. *tene and tray: entyses hym to tene more trayply þen euer.* Clan. 1137. *habben and halde.* Gaw. 2390. vgl. Pat. 335. Clan. 695. Gaw. 282. Clan. 1674. Clan. 1585. Gaw. 2341 u. s w. Das Streben des Dichters, sich einen originellen Styl anzueignen, wodurch freilich mitunter der Sinn verdunkelt wird, bietet für unsere Untersuchung auch manchen Vortheil. Der Autor liebt eine pathetische, kräftige, malerische Sprache mit ungewöhnlichen, überraschenden Satzwendungen; er duldet keine Wiederholungen, wie sie sonst auch bei beanlagten mittelenglischen Dichtern, wie z. B. in der *Destruction of Troy*, vorkommen; nirgends finden sich so viele ἅπαξ εἰρημένα an Wörtern und Phrasen. Welchen Reichthum besitzt seine Sprache für die Begriffe „Mann": *burne, gome, mon, renk, segg, wyȝ* und gelegentlich auch die substantivirten Adjektiva: *frek, hapel, male, bold, wlonk*: „sagen": *to breue, lance, norne, warpe;* „gehen": *to bowe, glyde, helde, swenge;* für die Formel „Mensch, Erde": *burne on bent, freke on folde, mon vpon middelerde, mon on molde:* „Kopf, Fuss": *hele, hed; tayl & toppyng, top & to, swyre, swange;* an Epitheten für die Gottheit: *hyȝe heuen kyng, maker of man, welder of wyt, worcher of þis worlde.* Um grössere Mannigfaltigkeit des Ausdrucks zu erreichen, zieht er archaistische und schon halb vergessene Wendungen wieder hervor, wie z. B : *erde of erþe; fyre vpon flet; burne, blonk; dere day; feeȝ to fonge; floneȝ flete; flem of þe flod; to loune on lofte; pro poȝt; men in mote; mele with muthe* u. s. w. Kurz unser Dichter beherrscht den Sprachschatz des Mittelenglischen so vollkommen, dass sich aus seinen Werken allein eine nahezu vollständige Sammlung der Alliterationen jener Zeit herstellen lässt. Während im Mittelhochdeutschen eine Wiedererweckung der altgermanischen Stabreimdichtung unmöglich gewesen wäre, denn die Alliteration des Althochdeutschen zeigt im Muspilli und im Wessobrunner Gebet schon deutliche Spuren des Niedergangs, stiess man hierbei im Mittelenglischen auf weit geringere Schwierigkeiten. Als Resultat meiner Untersuchung ergiebt sich, dass der Verfasser des Gawain einen grossen Schatz altgermanischer Sprachformeln, die ohne Zweifel von Alters her im Volke überliefert wurden, für seine Dichtungen verwerthet hat. Freilich konnten bei der Schilderung eines verfeinerten und vom Auslande mächtig beeinflussten Culturlebens viele Neubildungen und manche Künsteleien nicht vermieden werden.

Die Anzahl romanischer Sprachformeln ist naturgemäss im Verhältniss zur Zahl der gebräuchlichen romanischen Wörter nur gering, denn schon die romanische Wortbetonung liess die Neigung, solche Wörter alliterierend zu binden, weniger intensiv hervortreten. Sollte eine romanische Wendung sich organisch entwickeln und beliebt werden, so musste sie sich an das Volksübliche anlehnen. Das Fremdwort musste unbewusst an die Stelle des germanischen treten und dem an den früheren Klang gewöhnten Ohr möglichst wenig auffallen. Begriffliche Aehnlichkeit der Wörter und lautlicher Gleichklang der Sylben beförderten den Eliminationsprocess, wie er sich besonders klar bei der Formel *gold and garysoun* zeigt: germanisch: *Wiþ þe gold and his gersome*. Flor. a. Blauncheft. 205. 206. Die IIS. V. Cotton. Vitell. D. III zeigt eine hybride Form: *gold & þisse garisome* und MS. T. Trentham die romanische: *garyson*. Ja es kommt sogar vor, dass man romanischen Wörtern von ursprünglich germanischer Abstammung denselben Platz in der Formel wieder anweist, den sie ursprünglich eingenommen haben, z. B.: *helme and hauberghe, spie and spurye, werbelande wynde*.

Indem ich noch bemerke, dass ich für die Anordnung des Formelverzeichnisses die Principien Regels und Zenners p. 55. beobachtet habe, lasse ich dasselbe hier folgen:

A. Germanische Sprachformeln.

I. Wörter desselben Stammes alliterieren:

blossumez, blowe — Blüthen, blühen: *blossumez bolne to blowe*. Gaw. 512. Ae.: *blóstma, blówa: is þät ädele lond blóstmum gblówen* Phö. 21. Me.: Aehnlich wie im Gaw. *þis blossom blomed in þi bour* L. H. R. App I Disp. 129.

brond, brennen — Brand, brennen: *bryȝt brennande brondes ur bet*. Clan. 1012. In Ae. finde ich *brond* nur einmal bei Grein mit dem Compositum *forbärnan* verbunden: *bronde forbärnan ne on bæl hladan*. B. 2126. Regel p. 178 führt nur *brand, bryne* an. Auch in den andern germanischen Sprachen ist diese Formel heimisch, so im An: *brandr af brandi brenn (titio tactu titionis ardet)*. Egilss. 74. Havam. 5, 7; ebenso Mhd.: *ich lebe als ein erloschen brant so brinnent ander brende*. büchl. 1. 1692. bei M. u. Z. I. 253 a. 23. 24. vgl. Trist. 19450; fürs Afrs. cf. Regel p. 178. Me.: *þes be þe in hel brondis brennyng*. Misc. App. II. Pains of H. 227, wie im Ae.: *a brond pat is forbernt*. Bod. a. S. 454. Oct. 231; Bok. I. 563 u. XI. 310; Ell. P. II; 69. 8. Lud. C 52. 29; sowie auch in der Bedeutung „Schwert": *brandist his brond, brennynde so briȝt*. Sus. 319; S. A. L b. I. Ambros. 344; für Chauc. cf. Lindn. 330.

day, daȝen — Tag, tagen: *daȝed neuer an oþer day pat ilk derk after*. Clan. 1755; Pat 445. Obwohl das Verbum *dagian* im Ae. vorkommt, kann ich doch diese Formel bei Grein nicht belegen; im Mhd. finden sich dagegen häufig Beispiele für *tagen* und *betagen*: *do sich der tac ze tagene erbôt*. Lex. 2. 1392. Trist. U. 513,14; ibid. Craon. 1602; M. u. Z. III. 9 a. 12—15; und *betagen* (bescheinen) *der tac mich leider hát betaget so selten nách der èren sige*. M. u. Z. III. 9 b. 44—46. MS. 151. 6.

Jedoch schon früh aus mittelenglischer Zeit lässt sich die Formel im Anfange des 13. Jahrhunderts nachweisen: *code to chirche euche dahedes dei* (bei Tagesanbruch). Jul. 7. 14; ebenso mit substantiviertem Verbum: *in the dayng of day*. Ant. XXXVII. 5; und ähnlich Barb. L.

XVIII. 201; XXII. 501; XLIII. 429; *day dawede*. Lan. C. XXI. 471; Bar. T. II. 374. 757. Bar. B. XIV. 499; Bar. T. 797. Douce MS. 2335; vgl. Av. XXX. 9; Bar. B. VII. 318. 319; Oct. 329.

do, dede — That, thun: *diden þe dede þat [is] demed, as he deuised hade*. Clan. 110. Pat. 432. Diese im Me. allgemein verbreitete Wortbindung zeigt keinen poetischen Werth. Sie wurde in den alten Sprachen in der Poesie jedenfalls äusserst selten gebraucht; wenigstens kann ich *dæd* im Ae. nur einmal und zwar als Compositum mit dem Verbum alliterierend nachweisen: *góddædum, þá hy ær forhogdun to dónne*. Cri. 1289.

Von den zahlreichen me. Belegstellen führe ich nur an: *Nis no so derne dede idon in so peostre nyhte*. Misc. II. Mor. Ode. 77; XXV. 15; Jul. 6. 11; Tris. 1760; 3073; S. A. L. a. II. Geb. Jesu A. 589 u. S. A. L. a. IV. c. 56: Lan. B. III. 316; XVIII. 331; Gow. I. 121; 11; ib. 188. 15: ib. II. 317. 1; Bar. L XXV. 491, XXX. 280, XXXII. 751. etc. ; Cur. M. V. 1085, 1106, 6749; Ell. R. III. 304. 15; Av. XI. 4: Rat. R. 1327; Gen. 1051; Lyn. III. Mel. 230; ib. IV. Est. 2793; Rob. II. 37. 24, 49.1. Mitunter erscheint auch das Substantiv mit der Präposition *in* verbunden als adverbiale Bestimmung zum Verbum: *sigge oþer don in dede*. Lai 1. f. 104; Theo. II. 648; Ben. 658; Gow. II. 230. 7.

flod, floʒen — Fluth, fluthen: *þe flod to her fete floʒed & waxed*. Clan. 397. Ae.: *þa com flôwende flôd æfter ebban*. By. 65; Ræ. 11.² Mc.: *floodes* — *flo*. M. Town. m. 101. ib. 115; *Thei xul not drede the flodys fflowe*. Lud. C. IV. 43, 21; ib. Prol. 3, 25; Lyn. II. Dreme. 775.

forþ, forþer — fort, förder: *þe ende of alle-kynez flesch ...is fallen forþ wyth my face & forþer hit J þenk*. Clan. 304; ebenso *He went him forth and forther soght*. Curs. M. V. 4107.

gate, go — Weg, gehen: *ay goande on your gate*. Clan. 931; Gaw. 2119: *al day þe lorde þus ʒede his gate*. Pea. 526. *gate* fehlt im Ae. und ist entstanden aus an. *gata*. Die Formel erscheint im Me. häufig, besonders in Denkmälern des nordwestlichen und schottischen Dialekts und zwar 1) Subst. und Verb. als Objekt und Prädikat: *her is þi gate to go ful gain*. Patr. 39, 2; Curs. M. F. 25459; Ell. P. II. 34 3; Lud. C. XLI. 395. 27: XLII. 402. 25; Bar. B. VIII. 354; Skr 9, 19; Lyn. IV. Est. 534. 2) Das Subst. als adverbiale Bestimmung mit dem Verbum durch eine Präposition verbunden: *to þe ʒate ʒaply þei ʒeoden wel ʒare*. Sus. 228. Hier hat sich *ʒeoden*, das anderen Stammes ist (ae. *eode*), mit *ʒate* alliterierend verbunden. Ich halte in der Stelle Pea. 526 *ʒede* — *gate* für eine Alliteration, da die Form *ʒateʒ* auch sonst, Pea. 1034, vorkommt. *be gates go*. Bod. S. 162 und ähnl. 375. ib; Am. a. A. 1961. Gol. a. G. 54. Vgl. das Sprüchwort: *Gold goes in at any gate*. Seitz. I. 30 a.

gyft, gif — Gabe, geben: *I schal gif hym of my gyft þys giserne ryche*. Gaw. 288; ib. 1500; 1799; genau so im Mhd. u. Mnd: *mit roller gift etw. geben*. Lex. 1. 1012. H. 328, 26; ib. Ad. 928 (a.1324); *er hât mir gift* (Gift) *gegeben*. M. u. Z. 1. 510 a. 33. Reinh. 2234. Vgl. auch für das Compositum *hantgift*: M. u. Z. 1. 510a. 33. troj. 82 b. ib. 90 c. Mnd: *unde gaf schult Johannes wive umme gift, de he, Johan, hadde geven in sinen testamente*. Sch. u. L. II. 109 b.³⁻¹² Brem. Stat. 227. ib. 507. Diese Verbindung erscheint im Me. so häufig, dass ich unter den vielen Beispielen nur folgende auswähle: *Noble ʒiftes he him ʒef*. Jul. 12; Tris. 502. 627. 2921: S. A. L. a. Beil. II. B. 775; S. S. 2953. Curs. M. V. 3319. 3339. 5120. 5148. etc.; Gow. II., 218, 9. III, 136, 7. ib. 154, 3; Am. IV, 4. XIII. 6: für Chaucer cf. Lindn. 380. Lan. B. III. 331 u. P. S. 198. 17; Bar. B. XIII. 535; Rat.R. 3675; Ben.1677. 2138. Fürs Ne. vgl. Seitz. I. p. 22 b.

gold, gild — Gold, vergolden: *þay ar gilde al with golde & gered wyth sylver.* Clan. 1344. So natürlich es auch erscheint, dass diese Wörter mit einander alliterieren, so lässt sich doch bei Grein keine Belegstelle dafür finden. Das Ae. zeigt dafür häufig die Formel *golde gearwian*; nur das Mhd. hat die Wendung: *übergult mit lauterm golt.* Lex. 2. 1621. Ab. 2, 175. Genau so mit demselben Compositum im Me.: *rte-wit ouergilt wit gold.* Curs. M. V. 27603; P. Fol. II. Lib. Disc. 1384. P. Fol. I. O. R. Port. 80.

hond, hent — Hand, ergreifen: *hent hit at his honde þe hende to seruen.* Gaw. 827. Diese Alliterationsformel kommt im Ae. nicht vor, ist aber im Me., wenigstens in den nordwestlichen und nördlichen Dialekten, durchaus volksthümlich: 1) Verbum mit dem Accusativ, *hent his hand.* Curs. M. G. 12540: Per. 90; bei weitem häufiger aber 2) Verbum mit Subst. als adverbiale Bestimmung: *bi þe hand þan he me hent.* Curs. M. V. 17699; Des. 3334; Bes. 13, 4: *a hony comb pure saw he stand þat couaited he in hand to hent.* S. A. L. a. Beil. II. B. 585; Bar. L. XIX. 224. XXX. 459: Bar. B. XVI. 602; Gol. a. G. 527; Lyn. III. Meldr. 490; *hent hym of hondes.* Des. 10009; *hent hym on hond.* ib. 10434; *hynt vpone hand.* Gol. u. G. 801.

herken, heren — horchen, hören: *I haue herkned & herde of mony hyȝe clerkeȝ.* Clan. 193. In unseren Gedichten finden wir sowohl die Form *herken* Clan. 458 als auch *herkne*; ersterer entspricht das ahd. *hôrechen*, letzterer das ae. *hércnian*, jedoch finden sich keine Belegstellen für die Formel bei Grein. Me.: *herkneþ & ȝe may here.* Am. a. A. 517; Deg. 1443. 6; P. Fol. I. Merl. 2175; cf. das Sprüchwort bei Seitz I. 30 b.

hele, hol — Heil, heil: *for my hele, a ful hol gyfte.* Pat. 335; für das Mhd. und für *Laȝamon* vgl. Regel 180. Me: *As heyl & as hool as she holest myht be.* Bok. VI, 634. Am. a. A. 2244.

hest, haten und *hate, haten* — Gelübde, geloben; Befehl, befehlen: *I schall halde þe þe hest þat I þe hyȝt haue.* Clan.1636. *þe harde hate þat hyȝt hatȝ oure lorde.* Clan. 714. Ein ae. *hæst*, das dem me. *hest* entsprechen würde, kommt nicht vor, und das demselben am nächsten liegende *hǽs* verbindet sich nicht mit *hátan*, wohl aber ac. *gehát*, woraus me. *hate* wurde: *Svâ ic ät frymde gescwór ferhde wid drihten and gehât gehét.* Ps. 131²; *þonne þu behât behætst drihtene þinum (cum votum voreris domino).* Deut. 23²¹. Me.: *Wher beoþ þi behestes þat þou bihihtest me?* S. A. L. b. II. 5. 546; Geo. 92, 7. 99, 25. 115, 26.

kynd, kyn — Geschlecht, Art: *bryddes þer seten of mony kyndes, of fele-kyn hues.* Clan. 1483. Die hier sehr lose verbundenen Wörter bilden im Me. öfter eine Tautologie: *by-thought hem then to calle the kynd of dauid kyn alle.* Curs. M. F. 10730: MS. G. zeigt: *kin of dauid kindred.* vgl. Lan. C. IV. 366. 374; XIV, 151. Ell. P. II. 71, 19.

cloþ, cloþen — Kleid, kleiden: *clad with a clene cloþe.* Gaw. 885. 2015 — im Ae. nicht zu belegen, im Me. eine vielbeliebte Bindung: *þer was bordes icloþed clene with schire cloþes and schene.* S. A. L. b. II, 9. 208; Des. 2890; Pl. Cr. 689; *cloþe we hym parfore yn kynges cloþyng* Med. 536; Ant. IV. 2; L. II. R. VII. 265. Bok. XIII. 332; Gow. II. 358, 30; III. 326, 10. *þere servandis cled in clathis schene.* Bar. L. V. 150: XV. 98; XXVIII. 45. etc.

kne, knelen — Knie, knieen: *kneled doun on her knes vpon þe colde erþe.* Gaw. 818. *knelen* ist aus dem Ae. nicht abzuleiten, erst bei *Orm* findet sich *cnelen.* Von den übrigen germanischen Sprachen zeigt nur das Mnd. die entsprechende Form *knyelen*, welche sich mit *kny* bindet: *alle menschen sullen recht op oere voete staen of op oer knyen knyelen.* Sch. u. L. II. 499 a. 32—34. Sp. d. kerst. gel. f. 192; genau so im Me.: *to whom on kneo rche mon schal knele.* S. A. L. b. I. 5. 1008, Curs. M. T. 4816; Med. 149; Lan. A. I. 77; *He kenelyde down appon his knee.* Erc. 85; S. S. 1132; Au. 21, 12; Oct. 1047; Merch. 182. Ant. LXIX, 10; Av. Ll. 4; Bok. I. 544. III. 489. VIII. 1097; Lyd. 233, 16 u. 24; Gow. I. 195, 7; Bar. L. XXXIII, 670; Gen. 4578; Lud. C. Prol. 4, 4; ib. V. 57, 2; Gol. a. G. 383; Rob. H. I. 208, 21; Haz. I. Thers. 407, 13: und etwas anders: *emperors and kings they kneel to my knee.* Haz. I. W. a. Ch. 250. 20.

lengen lange — **lange verweilen**: *lenged per selly longe to loke quen he wakened.* Gaw. 1194; 1299. Im Mhd. und in ae. Zeit findet sich das Verbum in causativer Bedeutung (verlängern, verschieben): *på lengde hit man swå lange, påt....* Chron. Sax. 1052. Mhd.: *ie lenger und ie lenger ie herter und ie strenger begund er lengen sinen pin.* M. u Z. I. 931, 9—11. Barl. 394, 3. Im Me. ist das Zeitwort intransitiv: *Why leng ye so lang & lose all this tyme.* Des. 4591. Jos. 16 u. 277; Lan. A. I. 185; Pl. Cr. 310. *my lenging is no lenger her* (meines Bleibens ist nicht länger hier). Am. LXIX. 2.

lyft on lofte — **in die Höhe heben**: *Who-so hym lyked to lyft. on lofte watz he sone.* Clan. 1649. Das ae. Wort *lyft* giebt me. *lift*; unser *loft* dagegen, welches schon bei Orm vorkommt, ist vom an. *lopt* herzuleiten. Beide Formen binden sich im Me. mit dem Verbum *liften: moises lift his hende on loft.* L. II. R. VI. 344; Lan. B. V. 359; *Sco lift hir hend vn-to pe lift;* Curs. M, V. 10479. vgl. Ps. CII. 21, 13.

man, mensk — **Mann, Ehre**: *before alle men vpon molde, his mensk is pe most.* Gaw. 914. *haue no men, with no malez, with menskful pingez.* Gaw. 1809. Der Ursprung dieser Verbindung ist auf an. Gebiet zu suchen. denn hier erscheint das Adj. *mennisc* noch in der ursprünglichen Bedeutung „*human*", im Me. überwiegt „*humane*". An.: *ekki rar hann sem mennzkir menn at afli.* Möb. 297. Hdv. 360[3]. Vielleicht klingt die erste Bedeutung noch in folgender me. Stelle durch: *has .... mensked wit al cristen man.* Curs. M. V. 21558.

name, neuen — Name, **nennen**: *Noe pat ofte neuened pe name of oure lorde.* Clan. 410; *neuenes hit his aune nome as hit now hat.* Gaw. 10. Die Wendung ist allgemein germanisch. Ae.: *pam is tô naman nemned Drihten.* Ps. 67[4]; *pe we ódre naman æfensteorra nemnan hérad.* Met. 4[14]; *nemdest mid ânê naman.* Met. 20[55]; Cri. 131; *be, naman nemde.* El. 78; *is pin nama, drihten, nemned êce.* Ps. 134[13]. Ps. 82[4]. An.: *nefna einn á nafn.* Möb. 310. Mhd.: *ir namen ich in nemmen wil.* M. u. Z. 2. 1. 311, 8 u. 9. Silv. 2746. ib. 23—25. Barl. 2. 8. ib. 32 u. 33. myst. 46[19]. Mnd.: *na dem male dat se ze by erem nomeliken namen nicht en nomen.* Sch. u. L. III. 195, 50. 196. 1. Sudend. 8, nr. 35. ib. 196, 8 u. 9. Behr. Urk. 4. 28. *welkes namen bist du genomet?* Sch. u. L. III. 156, 17 u. 18. 1. Mos. 31, 29. As.: *nemnida sie thô bi namen.* Hêl. 1255. Me.: Bis zum Ende des 15. Jahrhunderts, so lange sich die alten Formen *nempnen, nemnen, nemmen, neuen* erhalten, ist die Wendung gebräuchlich: *Heo nempneden him is fader name.* S. A. L. a. II. B. 421. ib. IVa. 303; *gert men neuyn pam alle bi name.* S. A. L. a. Beil. II. B. 1162; S. A. L. b. I. 6; *Seth he let is name nempne.* L. H. R. II. 29. III. 694. 696; Des. 5430; Lan. A. I. 21; Sus. 266; Curs. M. V. 4980. 8913. 10820 etc.; Ad. 69; Spec. V. p. 26, 22; Bar. L. XVIII. 272, VII. 599, XXIII. 279.

nezen, nez — nahen, nahe: *ho nezed ful noghe in to pe Norpe Walez.* Gaw. 697. 929. Das Zeitwort *nezen,* welches im Ae. fehlt und nur im Hd. *(nähen)* heimisch ist, verbindet sich im Me. mit grosser Vorliebe mit *nez* und dem Comperativ *nere: a lord pai neized neize.* Tris.

375; S. A. L. b. I. 4. 151. ib. II. 4.46; Des. 6011. 4863. Bok. XIII. 1109; Lud. C. XLI. 393, 1; *Wighte men neghed pam nerre.* Min. X. 15; L. II. R. IV. 296. 317. VII. 126; Curs. M. V. 5239. 14025; Sus. 318; Av. LII. 15; Bar. L. XLIX. 218; Lud. C. XVIII. 172, 4; Gol. a. G. 240. 1017; Haz. I. Hicksc. 156, 15.

ruden, red — röthen, roth: *in rede rudede vpon rak rises pe sunne.* Gaw. 1695. Im An. begegnet uns eine ähnliche copulative Verbindung: *raudr ok rjódr.* Egilss. 646. Rm. 8. *raudskeggjadr ok rjódr i andliti.* Möb. 348. Oh. 22[14]; ebenso mc. *iruded & ireaded* Stratm. A. R. 50 u. 356; dagegen gleicht der Wendung im Gaw.: *rudd as red as rose.* Bes. 12, 22 und *rudd* (Gesichtsfarbe) als Subst.: *with a rudd redd to her chamber can shee flee.* P. Fol. Boy a. Mantle. 51. 79. 97.

sete, settel, sitten, setten — Sitz, Sessel, sitzen, setzen: *he were sette solempnely in a sete ryche.* Clan. 37; *pe saudans sete sette in pe myddes.* Clan. 1388; *he sete in pat settel semlych ryche.* Gaw. 882. Für das An As. Mhd. und für Lazamon cf. Regel p. 183. Im Me. überall gebräuchlich; das beliebte ae. Compositum *heahsetl* findet sich noch: O! *ihesu godes sune pat hauest iset in heh seotel meidenes mihte.* Jul. 50, 12; *Quen iesus in his sete was sett.* Curs. M. V. 13992; Ant. XIV. 12; Lud. C. Prol. 12, 26; *he set* (sass *on his dom seotel.* Jul. 54, 4; Lan. C. XII. 204; Curs. M. V. 17872. F. 18997; Am. a. A. 693; Ant. XXVIII. 7; Gow. III. 111, 30; Lud. C. I. 21,5; XXXIV. 332, 23; Lyn. Mon. 5228; Haz. I. W. a. Ch. 252, 26. Das Subst. *see,* welches auch sonst (Bek. 809) im Me. vorkommt und romanischen Ursprungs (vom Afr. sed) ist, geht dieselbe Verbindung ein: *Now is he sacred and set in see* (Bischofssitz). Cel. 186; ähnlich Haz. W. and Ch. 244, 5.

sonde, senden — Gesandte, senden: *sende his sonde pen to say pat pay samne schulde.* Clan. 53. 781. An der Volksthümlichkeit der Formeln ist nicht zu zweifeln, da sie dem Me. äusserst geläufig sind, wenn sich auch im Ae. dieselbe Neigung nicht zeigt: Laz. cf. Regel. 182 u. 183. *ponked lhesu Cristes, sond pat he him hadde ysent.* Patr. 19, 2 u. 3; Tri. 256; Horn. 269. 957. Spec. VII. p. 29, 19; L. II. R. VI. 62. III. 137; *he senden him asonde.* Misc. XXX. Song. o. th. Pass. 39. 40; L. d. Fr. 38; M. Pr. C. 69; *Adam son was send a saand.* Curs. M. V. 711. 7459. 10925. G. 5910 etc.; Al. Laud. 239; Is. 702; Rich. R. IV. 28; Hen. 37, 2; Lud. C. XIX. 179, 14; Lyd. 228, 12; *ane sayndis-man ye send to yone senyeour.* Gol. a. G. 326. u. a. o.

syzt, see — Gesicht, sehen: *sez pese syngnes with syzt & set hem at lyttel.* Clan. 1710. 192. 576; Gaw. 197. 226; Pea. 985. Für das Mhd. An. und Ae. cf. Regel p. 183. Me: 1) wie bei unserm Dichter *oculis adspicere: wil ze mi fader se wip sizt?* Tri. 668. 1128. 1405. 1406; S. A. L. b. II. 6, 464; Curs. M. V. 14632. 19233; Am. XXIV. 9. LVII. 5; Gol. a. G. 1106. *he sagh bi pat sight.* Curs. M. V. 2711; Oct. 1029; *To se hir in sight.* Des. 7603; Tri. 1262; Bar. L. XLVII. 243. 2) ein Gesicht, eine Erscheinung sehen, Anblick haben, wie im Ae.: *per pay se a soronful syzt.* Misc. App. II. P. o. Hell. 6. ibid. App. III. Vis. s. poul. 173; S. A. L. b. 2, 530; 6, 1491; S. A. L. a. Beil. II. B. 269; Erc. 73; Med. 902; L. II. R. III. 673. 699. IV. 298. VII. 143. 155; Lyd. 232, 7; Bar. L. I. 692. V. 351. VII. 817. etc.; Bar. B. XII. 453. 454; S. a. C. 12, 8. 15, 23; Lud. C. XVII. 171, 19. XXIV. 228, 26. XXIV. 236, 4; Lyn. II. Trag. 337; vgl. P. Fol. II. Lib. Discon. 848. 851 etc.

tale, tellen — Erzählung, erzählen: *ze me telle with trawthe, if euer ze tale herde.* Gaw. 1057. Es ist auffällig, dass diese Wendung nur in me. und ne. Zeit volksthümlich ist, obwohl die Grundbedingungen

dafür in allen germanischen Sprachen vorhanden sind cf. Regel p. 184:
Iherep nr one lutele tale, pat ich eu wille telle. Misc. II. Pass. o. Lord.
1. XXV. A lutel. s. Serm. Cott. 44. 76; Jul. 50, 2. 54, 7; Tri. 99.
729; S. A. L. a. III. 328. 542. 609; Spec. V. p. 26, 15; S. A. L.
b. 1, 175. 2, 646. 5, 587; Jos. 169; Des. 665; Lan. A. III. 46. B.
III. 45. IV. 17; Erc. 317. 3; L. II. R. II. 267. IV. 238. VIII. 299.
312; Al. Vern. 175. 176; Curs. M. V. 5154. 7173. 7554; Au. 41, 8.
77, 3; Gow. 1. 6, 4. 23, 25. 135. 26; Lud. C. XIV. 136. 18. XXII.
205, 3; Gol. a. G. 149. 213. 760; Rob. II. I. 188. 8; *J tell you in
tale.* Haz. I. W. a. Ch. 250, 25; Past. Pl. 38, 2.

traupe, trwly — Treue, treu: *in temple of þe traupe trwly
to stonde.* Clan. 1490. Für das An. Mhd. und für Laȝamon cf. Regel.
184. Me.: *þe trewnesse of his trewþe.* Flor. a. B. 916; attributiv: *fair
i wes of hewe, and of treuþe trewe.* Max. 167; Spec. XIII. 45, 20;
ähnlich wie in Clan: *to frest if þai in trouth war tru.* Curs. M. V.
18672. — *trawe, trwely* — trauen, treu: *trawe ȝe me þat trwely.* Gaw.
2112; S. A. L. b. II. 6. 493; Curs. M. V. 7485. F. 14373. V. 14706.
23076; Lan. B. XV. 158; Skr. 14, 16; Haz. I. W. a. Ch. 261, 15.
Auch wiederholt sich dasselbe Wort als Adj. und Adv. *Trwe mon trwe
restore.* Gaw. 2353.

true & t[r]yste — treu und wahr, zuverlässig: *Temen to hys
body ful trwe & t[r]yste.* Pea. 460. Gaw. 2348. Im Ae. fehlt die
tryste entsprechende Form; sie begegnet im An. *traustr,* gleichwohl habe
ich die Bindung nur im Me. belegen können: *þat trusted treowliche on
him.* Jul. 6. 7; Lud. C. XXXVIII. 373, 4. 370, 11. und umgekehrt:
traistili tru. Curs. M. V. 13422. 19950; Gol. a. G. 415. 752. attributiv:
He is...of lufsum lost. of truste treowe. Misc. A Lune Ron. 93. copulativ:
a) 2 Verba: *how it es grette foly to trow or trist in maumettry.* S. A.
L. a. Beil. II. B. 492. b) 2 Adjektiva: *Trusti kyng aut trewe in trone.*
Spec. XV. p. 47, 4; Sus. 187; Med. 56; L. d. Fr. 198; Rat. R.
3193; Rob. II. I. 178, 12. 180, 4. c) 2 Substantiva: *Moder! traistnes
of ur treuth.* Curs. M. V. 24053; in loser Verbindung: *truth may take
no trusty hold.* Ell. P. II. 120, 1.

werk werchen — ein Werk thun: *Hit arn þy werkeȝ wyterly,
þat þou wroȝt haueȝ.* Clan. 171. Der Zusammenstellung Regel's p. 185
über die Volksüblichkeit dieser Formel im Ae., Mhd. und schon im
Goth. diene folgende mnd. Stelle als Ergänzung: *Ich bin in deme radere —
gy mogen des wol louen by dem werke, de he in my wrecht.* Sch. u. L.
V. 684⁴⁴—⁴⁷. Serm. evang. f. 93b. Die me. Dichter verwenden diese
Phrase im Ueberfluss: *godes werkes for to wirche.* Patr. 7, 2. 37. 5;
Jul. 42, 1; S. A. L. a. Beil. II. B. 757. L. II. R. III. 101. 818.
IV. 265. VI. 433; Curs. M. V. 338. 1529. 7297; Leb. J. Laud. 675;
Des. 58; Lan. A VIII. 185. X. 40. X. 65 etc.; S. A. L. b. I. 5, 988.
6, 1044. II. 2, 929. 1076. II. 3, 188; Al. Laud. 622. 497. 785. L.
d. Fr. 205; Is. 518. Chauc. Lindn. p. 330. Bar. L. XXI. 734. XVIII.
685. 686; Au. 9, 9. 42, 21; Oct. 756; Rat. R. 2189. 2881; *These arn
wondyr werkys wroughth of the.* Lud. C. XXX. 305, 9. XXXII. 326, 11.
XXXV. 344; Ben. 442. 465. 1082 etc.; Lyn. II. Mon. 4627.

wyt wyterly — wissen fürwahr, in Wahrheit: *þat I may
wyterly wyt what þat wryt menes.* Clan. 1567; Pat. 330; *wyt þe wytte
of þe wryt, þat on þe wowe clynes.* Clan. 1630 und eine Wiederholung:
What wote oþer wyte may ȝif þe wyȝe lykes. Pat. 397. Die grosse
Neigung unsres Dichters, Wörter dieses Stammes alliterierend zu verbinden, scheinen die Denkmäler der älteren germanischen Sprachen nicht
zu theilen. Im Mnd. findet sich eine Wendung, die genau zu unsern
me. Alliterationsformeln passt: *ik weit witlike (certissime scio).* Sch. u.

L.V.750.b.40 u.41.1.Sam.24,21. Die Volksthümlichkeit unserer Formel lässt sich nicht läugnen, sobald man in Betracht zieht, mit welcher Lebendigkeit ein ähnlicher Stamm: *wis* mit *wit* in den älteren Sprachen Verbindungen verschiedenster Art eingeht. cf. Regel. 210. 211. Auch das Me. zeigt grosse Neigung jene Stämme zusammenzustellen: *he was wise and wittye*. Ch. o. B. 7, 5; Lud. C. XX. 190, 25, entstanden aus ae. *wis and gewittig*. Beov. 3094. *wyselé and wytté*. Au. 30, 3; Rat. R. 1464; Dis. Ch. 19, 20; Bes. 37, 6. 73, 20. ähnlich: *Thow thou be of wittys wyse*. Lud. C. 352, 2: P. Fol. II. Lib. Disc. Cal. MS. 415, 5. ib. III. Bosw. F. 141. Den Formeln bei Laȝamon entspricht: *he was euer wis and witter*. Curs. M. G. 698: *wytt and wysdam of God it is lent*. Lud. C. 190, 10. 192, 2, ae. *wit-wisdóm*. Hen. 5. 1. 5, 7. MS. Camb. auch Prov. Alf. VI. 2. Schon bei Orm zeigt sich die formelhafte Verbindung desselben Stammes, wie sie unser Dichter beliebt: *witenn witerrliȝ*. 11411. 11687; Curs. M. 9568: V. 14357. 16259; *wete þou full witterly in warnyng to other*. Des. 1893. 3321: Lan. A. III. 169. XII. 10. C. IV. 222. etc. Vermuthlich hat das An. (me. *witerly* von an. *vitr*. weise) auf die Bildung dieser Formel eingewirkt. Bei Barbour findet sich auch die Form *wittily*, die sehr wohl auf ae. *gewittig* zurückgehen kann; wie denn überhaupt in allen diesen me. Stellen das ae. *wis and gewittig* durchklingt und auf die Bildung einwirkte. *he wyst allwittily*. Bar. B. XIV. 154; ib. XV. 442, cf. oben Au. *wytlé*; aber auch *wenyt or wyst it uttirly*. Bar.B.IV.771. X. 350; Av. VI. 15. XXI. 11. Für die ne. Sprache cf. Seitz I. p. 25 a.

38 a.

wone in won — in der Wohnung wohnen: *to wone any quyle in þis won, hit watȝ not myn ernde*. Gaw. 257. Für das Ae. und für Laȝamon cf. Regel. p. 185. Me.: *Thus he wonnes in that wone tille that the twelmonthe was gonȝ*. Per. 1769; Lan.B.III.234; Rich.R.III.220.

strike stroke — einen Schlag schlagen: *stifly strike a stroke for an oþer*. Gaw. 287. Nur im Mhd. kommen beide Wörter desselben Stammes vor: *wolte ein mâler aller striche gedenken an dem êrsten striche den er strichet*. M. u. Z. 2. 2. 688 b[21—23]. myst. 2, 179, 4. Me.: *striked a strake*. Rich. R. 80; Ell. P. II. 49, 17; Haz. 1. Thers.407, 11; P.Fol.II. Triam.1495; ib.Risinge i. th. N. 107.

erde, erþe — Land, Erde: *erde* ist schon im Me. ein seltenes Wort, das sich nur in älteren Denkmälern dieser Sprachperiode zeigt, so bei Laȝ. *ærd*. 29174. Orm.1416. St.Gen.210. O.a.N.460. Lan.B.6, 203. Unser Dichter brauchte eine alterthümliche Sprachformel, die aber im Ae. viel verbreitet war. *euer hade ben an erde of erþe þe swettest*. Clan. 1006. Ae.: *læddon hine tó þam leofestan earde on eordan*. Gú. 399; *merestream ne dear ofer eordan sceat eard gebrædan*. Met. 11[66]; *he gefæstnade foldan stadelas, eordan eardas*. Ps.103[6]; Cri.772; El.622; Cri.648.

II. Die Wörter, welche sich binden, stehen in einem begrifflichen Verhältnisse zu einander.

1. Concrete Begriffe alliterieren:

bak, brest — Rücken, Brust: *of bak & of brest al were his bodi sturne*. Gaw.143. Me.: *bledde boþe brest and bak*. L.II.R.VIII.396. Curs.M.V.22825; Bod.a.S.426.438.

barn on barme — Kind an der Brust, im Schoosse: *As lyttel barneȝ on barme þat neuer bale wroȝt*. Pat. 510. As.: *módar thes kindes, thiu thana magu habda, that barn an ira barme*. Hél. 216. Me.: *þe barn to fir in barm sco bar*. Curs.M.F.8621.

barn, burde — Kind, Weib: *Vuche burde with her barne þe byggyng pay lenez.* Clan. 378. Diese Stämme finde ich nur in den älteren Sprachen alliterierend verbunden: Ae. *þanon his raforan erest wōcan bearn from brŷde* Gen. 1062; *bearn of brŷde þurh gebyrd cumen.* ib. 2196; *bearn and brŷde.* Beow. 2956. cf. Hofm.*p. 48. As.: *prūt in būre, barn unwahsan.* Hil. 22.

bulle, ber, bor — Auerochs, Bär, Eber: *he werrez ... boþe wyth bullez & berez, & borez oþer-quyle.* Gaw. 722. Diese Thiere, mit denen Gawain gekämpft hat, sind als die gefährlichsten unserer nordischen Wälder zusammengestellt. Mnd.: *na den baren quemen beren, na den beren treten herte* u. s. w. Sch. u. L. I. 238, 25 u. 26. Korner 72 b (W.) Me.: *bere, ne bor.* Lan. B. XV. 273; P. Fol. I. Eger a. Gr. 963. — *my boles & my borez arn bayted & slayne.* Clan. 55. Mnd.: *rortmer holt de radt in der oldenstat unde bekostiget ceer bullen unde twene beer.* Sch. u. L. I. 238, 13—15. Brschw. Urk. I. 172, 105. Me.: Lan. C. XIV. 150.

blood, brayn — Blut, Gehirn: *boþe his blood & his brayn blende on þe clopes.* Clan. 1788; Gaw. 89 und eine von Mätzner angezweifelte Stelle: *Br so bolde in his blod, brayn in his hede.* Gaw. 286. Me.: Des. 9584: *One off theme retornede & besprenkylde both brayne & blode.* Bek. 2011. 2003; Bes. 78. 14.

bonk, brym — Ufer, Wasser oder Ufer, Rand: *a balz berz, bi a bonke, þe brymme by-syde.* Gaw. 2172. Morris übersetzt hier *brymme* mit *flood, river* und zwar mit Recht, da diese Bedeutung für das Wort auch sonst. Clan. 365. vorkommt. Stratmann nimmt deshalb zwei Wörter an, von denen das eine aus ae. ao. *brim (flood, sea)*, das andre aus ae. *brymm (brim, ora)* entstanden sei. Diese beiden Bedeutungen trennen sich auch noch im Me.; freilich weisen die Parallelstellen für unsre Alliterationsformel alle auf letztere hin: Me.: *In Tarys I am kynge with crowne by bankys and brymmys browne.* Lud. C. XVI. 162, 18: P. Fol. II. Gr. Kn. 282. *sees thou yonder water, Ellen, that flowes from banke to brim?* (von Ufer zu Ufer). P. Fol. II. Ch. Wat. 16.

butter, bred — Butter, Brot: *bryngez butter wyth-al & by þe bred settez mete.* Clan. 636. 637. Mhd.: *brot und butter* cf. Schulze B. 49. p. 42. nhd. „Butterbrod". Me.: *They would neither eat butter nor bread.* Ell. R. II. Fer. 416. 9; Curs. M. V. 2715; Lan. B. 444. Hierzu vgl. die ne. Sprüchwörter: *No butter will stick to his bread.* Seitz 1. p. 39 b.

burne, blonk — Mann, (weisses) Ross: *þe burne bede bryng his blonk.* Gaw. 2024: eine im Me. schon seltene Wendung, deren Volksüblichkeit aber durch ihr häufiges Auftreten im Ae. gesichert ist: *beornas and hyra bloncan mid.* Rä. 23[18]. *gewiton, mearum ridan, beornas on blancum.* Beow. 856; genau so Me.: *a byrne on a blonke that with the quene a-bydus.* Ant. III. 3.

burne, burde — Mann, Weib: *Boþe burnez & burdez, þe better & þe wers, laþez hem.* Clan. 80. 81; Gaw. 1232. 1779. 2279. Ae.: *þær ræsbora þrage siddan wicum wunode and wilna breac, beorn mid brŷde.* Gen. 1813. 2033. 2638. 2782. Me.: *Quen birdus, and birnys ar besy the aboute.* Ant. XIV. 5; Ell. P. Rits. A. Songs p. 44. 261. 1.

do, der — Reh, Wild oder Hirsch: *of dos & of oþer dere, to deme were wonder.* Gaw. 1322. So entschieden formelhaft die Zusammengehörigkeit auch scheint, so finde ich doch nur in einer me. Stelle etwas Entsprechendes: *to hunt ffor a deere or a doe.* P. Fol. III. Degr. 275.

felle, flesch — Haut, Fleisch: *Ho watz þe fayrest in felle, of flesche & of lyre.* Gaw. 943. Ae. afrs. dt. cf. Hofm. p. 23 u. 50. Ae.: *zif*

---
* Otto Hoffmann. Reimformeln im Westgermanischen. Darmstadt. 1885.

— 19 —

du wœre on fell scoten odde wœre on flese scoten. Wülck. Zauber.II.20.
As.: *flēsk is unk antfallan, fel unskōni.* Hēl 153. Mhd.:*swaz ierleisch unde vel uf der erden gewan.* Dan. 763. Me.: *he was comen wiþ flesche and fel.* Patr. 54, 4; S.A.L.a.II.A.81: Doomsd.E.E.t.s.69.165; M.Mar.112; B.a.S. 899; Curs.M.V.19961. 20017. 584. 15644. M. Pr. C. 739; Lud. C. XIX. 188, 12. XXXV. 346, 3. etc.: Cel. 682: E. T. 1140; *The fend on afretie with fleis ant with felle!* P. S. 240, 16: Ps. XLIII. 36, 8; Skr. 13, 10; Oct. 723: Christ. C. 41, 2.

fote, fetter — Fuss, Fessel: *festned fetters to her fete ender fole wombes.* Clan.1255. Schon im Mhd. haben die Stämme sich zu einem Worte geeinigt: *vuoz-rezzel.* Lex. 3, 583. DFG 420 b. Me.: *þei toke þe fleteres of hire frete.* Sus. 256.

fyre rpon flet — Feuer auf dem Fussboden, dem Herde. *flet,* ae. *flett, flet* bedeutet ursprünglich die „Halle" cf. Morris. Gaw. Glossar. p. 96, mhd. *vletze* Herdstatt. Die Formel ist unserm Dichter besonders eigenthümlich, denn wie sehr auch ihr Vorkommen im Mhd. ihre Volksthümlichkeit klarstellt, so vermag ich doch anderwärts nichts derartiges nachzuweisen. Me.: *fayre fyre rpon flet fersly brenned.* Gaw. 832. 1925. 1653. Mhd.: *bi dem füre an siner fletze, da beginnet er si setzen.* M. u. Z. 3. 340 b. 46—48. glaube 1703.

fysh, flod — Fisch, Fluth: *Vche fysh to þe flod þat fynne coupe nayte.* Clan.531. Ae.: *feola fisca cynne on flōda gemonge.* Wülck. Durh.5: Wund. Schoepf. 85. Ae.: *fiskr unir i flodi.* Egilss. 173. As.: *up gitāh fisk an flōde mid is folmum twēm.* Hēl. 3213. 3204. und etwas anders: *fiskōdun im an them flōde.* Hēl. 1156. 2631. Me.: *alle þe fisches in þe flode gadreden him aboute.* S. A. L. b. II. 2a. 164; Pau.59.Lan.A. XI. 204. B. XIV. 42; Rel. A. A Lullaby. 177; Kin. 16, 18; P. Fol. II. The Squier. 134.

fysch, fowle — Fisch, Vogel: *Vche fowle to þe flyzt þat fyþerez myzt serue, vche fysch to þe flod þat fynne coupe nayte.* Clan. 530.531. Für das Ae., Mhd. und für Lazamon cf. Regel. p. 187. Hofm. p. 25 u. 50. Me.: *Beste, fowel, and eke fisch.* Trea. 139, 40; S. A. L. a. Beil. II. B. 1161; Sig.a.J. II. A. II. 6; Curs.M.V.398. 9395; Shor. 146. 1; Gow.III.44, 4.III.89, 10; Bok.VIII.180.IX.203; Rat.R.2552; Lud.C.1. 22, 13. II. 25, 19, 26, 17; Lyd. 119. 11; Lyn. Test. Pap. II. 272.

flesch, fysch — Fleisch, Fisch: *fraystez flesch wyth þe fysche & fode more symple.* Gaw.503. Für das Mhd., Nhd. und Laz. cf.Regel. p. 186. Me.: *of fless, of fiss, of tendre bred.* Flor.a.B.417; S.A.L.b.I. 1. 103; Ell. R. II. Rich. C.d.Lion.244,9; Al.Laud.627.701: Lan.B.V. 443. VI. 312.XV.424. Curs.M.V.1965; Bok.o.C. I.72.130. III.668; M. Cock. 55. Chauc. cf. Lindn. p. 330; Ben. 1729; Lud.C.I.22,26; S.a.C. 104, 20; Haz. Disob. Ch. 300, 9. cf. die Sprüchwörter bei Seitz: *Old fish and young flesh do feed men best.* p. 29 b. 40 a.

folde and folk — Land und Leute: *he hatz formed þe folde & folk þer rpone.* Clan.1665.1014. Schon in früher Zeit und zwar schon in der ae. Periode kann an die Stelle von *folde* das stammverwandte *feld* treten, das später allein vorherrscht. Ae.: *Ädelrœdes eard, ealdres mines fole and foldan.* By.54; Chr.u.Sat.686; *forþan weard her on felda folc tōtwœmed.* By. 241. Me.: copulativ nur bei unserm Dichter. *Feld ful of Folk.* Lau. A. V. 10. B. I. 2. V. 10; *fayre folke on the fuilde flocken in fere.* Ant. XXVI. 6; Per. 1232.

freke upon folde — Mann auf der Erde: *þe fowre frekez of þe folde fongez þe empyre.* Clan. 540. *þer schulde no freke epon folde bifore yow be chosen.* Gaw. 1275. Ae.: *tredan elfeodigra frēcne foldan.* Vyrd. 30. Me.: *Oure kyng hath this freke yfelde.* M. Al. 2161. *Gif he be freik on the fold, your freynd or your fay.* Gol. a. G. 56. 1007. 1079.

God, gome — Gott, Mensch: *auper God oper gome wyth goud hert louied.* Gaw. 702. Die starke Gegensätzlichkeit der Wesen „Gott und Mensch" veranlasste es, dass sich alle älteren germanischen Sprachen dieser Alliteration mit Vorliebe bedienten und zwar von ihnen am meisten das As. Freilich geschieht dies in der me. Sprache nur noch in spärlichem Umfange, und in den modernen Sprachen ist die Formel verschollen. Ae.: *god calle cann guman gepaucas cordbúendra.* Ps.93[11]; *god gumena weard gást pone hálgan.* Dan. 237; An.: *god öll ok gumar (dii hominesque).* Egilss. 277. Lokagl. 46, 56; *gumar (heroes), er fra godum krómu.* ib.Hyndl.8.ib.26. As.: *gódwilligun gumun, them the god antkennead thurh kluttran hugi.* Hél. 421. 1282. 1384. 1583. 623; *t'ie gumon umbi that godes hús.* Hél. 4277.679.809.1373.949.1234.2645.2822.3451. Mhd.: *die gotes gomen.* Lex. I. 1051. W. v. Rh. 58, 23; *der gotes goume.* M.u. Z. 1. 551. b. 25. Ulr. 626. Me.: *Such god, such gomes, such gay cesselles.* Clan.1315; Gaw. 2470. „*Sun*", *he said, pat godds gome,* (Mann Gottes), *Giuen pou has pin aun dome.* Curs. M. V. 7937. ib. G. 12442. Ja selbst das ganz moderne *groome* finde ich einmal in Percy's Folio Manuscript mit *god* formelhaft zusammengestellt: *there is no groome ender god may garr her to stint.* III. Death. a. Liffe. 190.

God, gost — Gott, Geist: *Goddes gost is pe geuen pat gyes alle pynges.* Clau. 1627. 1598. Pea. 63. Ae.: *Ea lá gæsta god!* Cri. 130; *gæsta godeyning.* Hy. 4[39]; *god gumena weard gást pone hálgan.* Dan.237; Mhd.: *der süeze gotes geist úz dinem edeln herzen blüete.* M.u.Z.1. 496 a. 43 u. 44. Walth. 36, 24.

hede and hals — Haupt und Hals: *Bope pe hede & pe hals pay huren of penne.* Gaw.1353. Die beiden Stämme erscheinen besonders im Mhd. und Afrs. als alte Rechtsformel verbunden. Mhd.: *den hals er ime abe sluoc, daz houbit er úf huop, er stachte iz an ein sper.* M. u. Z. 1. 719. 40—42. pf. K. 307, 5. vgl. 142, 27. 149, 11. Grimm.gesch. d. d. sprache. 141. cf. Heyne. Afrs.: cf. Heyne. Mnd.: *De durcl to breke eme hals unde horet.* Sch. u. L. II. 177 b. 19. 20. Theoph. I. 345.

hede, hond — Haupt, Hand: *his hede by pe here in his honde haldez.* Gaw. 436. 444. 2462. Für das Ae., Afrs. und für Laʒamon cf. Regel p. 188. Hofm. p. 52. Ahd.: *dár scal hant sprehhan, houpit sagén.* Mus.91.Me.: *All pat on pe erpe doth stonde schall wax blody, both heed and honde.* Sig.a.J.82; Curs.M.V.15315; *armyd on horss bath heid and hand.* Bar. B. XI. 105. Bar. L. XI. 254. Ne.: cf. Seitz I. p. 41 a.

hele, hed — Hacken, Kopf: *Ay hele ouer hed, hourlande aboute.* Pat. 271. *fro pe hede to pe hele* kommt vor: L.H.R. III. 80. Des. 7720. 10443. Hierzu kommt noch der häufige Gebrauch der Verbindung im Ne., so dass an ihrer Volksthümlichkeit nicht zu zweifeln ist: *over head and heels, eels over head = topsy-turry*; schott. *heels o'er gowdie (Burns). He is o good marksman that aims at the heel, and hits the head.* Seitz I. p. 31 a. Nk.Schütz.30.

helle-hole — Höllenmund: *Hurled in-to helle-hole as pe hyue swarmez.* Clau. 223; *Out of pe hole pou me herde, of hellen wombe.* Pat. 306; *thou hyed into hell hole to hyde thee beliue.* P.Fol.III. Death. a. Liffe. 386.

helme, hede — Helm, Haupt: *haf here pi helme on py hede pi spere in pi honde.* Gaw. 2143. 2247. 2197; *helm and heuyd pai haue forlore.* Min. VII.59; *with helm on heid and sper on hand.* Bar.B.XII.28; P. Fol. II. Guy a. Colebr. 8. 146. 152; ib. I. Merl. 267. Mhd.:*haupt u. helm.* cf. Schulze. 49. p. 153.

here, hed — Haar, Haupt: *here of his hed of his hors swete.* Gaw.180. Mhd.: *wie stát sin houbet und sin hár.* M. u. Z. 1. 634a. 5 u.6; *er bezóch das houbet mit dem háre.* Lex.I.182.Gen.D.5, 10; Lex.I.1182.

Loh.3599; M.u.Z.1.634a.39—42. Me.: *his hede by þe here in his honde
haldeʒ.* Gaw.436; *of head and hayre.* P.Fol.II. Guy a. Colebr. 398. cf.
Seitz I. 41 a.
 hert, hare — Hirsch, Hase: *hertleʒ to hyʒe hepe, hareʒ to
gorsteʒ.* Clan.535.391. Mhd.: *hase u. hirsch.* Schulze B.49. p.152. Me.:
to hunte atte buk, and atte bare, to the herte and to the hare. Av.II.11.
Deg. 42.
 hert and hand — Herz und Hand: *his hert & his honde schulde
hardi be boþe.* Gaw. 371. Nhd.: *mit Herz und Hand.* Mhd : *mit herzen
und mit handen.* Lex.1.1270. Troj. 17766. Me.: *þan Quiriak prayd, with
hert and hend.* L.II.R.V.274. VII.150; Ell. R. M. Arth. 387,9; God. 9;
S.A.L.a.Beil.II.B.998; Min.I.2; Bok. IX. 24; Bar.L. XL. 819; genau
so wie im Gaw.: *hardy was of hart and hand.* Bar. B. I. 28. XI. 571;
Godw.38; Bat. 60; Gol. a. G. 872; Lyn. IV. Est. 2705; P. Fol. I. E. o.
Westmorel. 248. ib. III. Bosw. F 563.
 heuen, helle — Himmel, Hölle: *fro heuen to helle put hatel
schor laste.* Für das Ae., Mhd. und Laʒamon cf. Regel p. 213. Hofm.
p. 25 u. 52. Me.: *he makede heouene and helle.* S. A. L. b. II. 3. 218;
Erc.108; Lan.A. I. 113.B. III. 129. XVII.161; L. II. R. VIII. 463. 525;
Ell.R.II.Rich.C.d.Lion.261, 2; Curs.M.V.27637.23187; Ell.P.I.270,16.
Gow.II.151, 29.III.38, 20. II. 182,3 etc.; Lyd. 111, 18. 147,17; Bar. L.
III. 1090. XXIX. 141; Rat. R. 2618; O. Myl. 118; besonders scharf ist
folgender Gegensatz: *Helle pyt and hevyn halle.* Lud. C. II. 30, 25.
IX. 88, 19. X. 102, 19. Ch. o. B. 1, 1. 93, 4; Lyn. IV. Est. 4517. 1055.
Ne.: Milton: cf. Seitz I. p. 22. b. und die Sprichwörter I. p. 30 b.
 holt, hepe — Holz, Haide: *to hunt in holteʒ & hepe, at hyndeʒ
barayne.* Gaw. 1320; *Followed me here in holt, heath, and in wilderness.*
Haz. I. Hicksc. 148, 20.
 hous and home — Haus und Heim: *me hatʒ....smiten of
my hous & my home & myn owen nome.* Gaw.408. Für das Ae. cf.
Hofm. p. 52. An. Afrs.: cf. Heyne. 131. Mhd.: *von his und heim komen.*
Lex. I. 1216. Fasn. 893, 30; *heim ze huse.* ib. Elis. 2248. Er. 9978;
M.u.Z.1.737.a.Gudr.103, 2.M.u.Z.1.737.b.Nib.255.1.Me.: *hûs & hâm.*
Orm.1608; *His lord and his hus and his hom.* Misc. XXIII. Death. 43.44.
Curs.M.V. 11201. An.90, 23. *hom* ist zum Adverbium geworden wie das
mhd. u. nhd. „heim": *he hom to is hous cam furst.* S. A. L. a. 1. 1262.
Auch der Plural kommt noch vor von beiden Wörtern: *þe houses and þe
homes.* Lan. C. IV. 126. A. III. 89.
 kyng, kayser — König, Kaiser: *„kene kyng", quod þe quene,
„kayser of vrþe".* Clan.1593.1374. Für das Ae., Mhd., As. und für Laʒ.
cf. Regel p. 190. Hofm. p. 24 u. 49. Me.: *Hi nolden þo bi leue vor
kayser ne vor kynge.* Misc.II.Pass.o.o.Lord.675; ib. X. ALuueRon.112;
Jul. 24, 5; S.A.L.b.II. 3 a. 219; Curs.M.V.9409.9953.19676 etc.; Lan.
B. XIX. 134. C. IV. 321. 325. XXII. 138. A. XI. 216. C. XXIII. 101;
Rich.R.I.85; Bok. IX.339; Lud.C. XIX. 183, 17 u.21. XXI.201, 27 etc.
Gol. a. G. 1120.
 kyng, knyʒt — König, Ritter: *þe kyng & þe gode knyʒt &
kene men hem serued.* Gaw.482.2492.2513. Ae.: *Het þá se cyning tó him
cnihtas gangan.* Dan.431. Es ist bezeichnend, dass diese Alliterationsformel
auf ae. Boden nur wenig heimisch ist. Erst zur Zeit der weiteren Aus-
bildung des Lehnswesens fühlte sich der Vassall selbständiger und trat
in einen schroffen Gegensatz zum Könige. Die me. Dichter nehmen
daher so häufig Gelegenheit, Ritter und König einander gegenüber zu-
stellen, dass es mir unmöglich ist alle Stellen anzuführen: *He helpez
boþe king and knyʒt þe pouere alle mid idone.* S.A.L.b.II. 3 a.225; ib.
I.2.Theod.952; L. d. Fr. 89; *Knyghtys and kyngys prestys and clerkys.*

Sig.a.J.I.345; Ell.R.II.Otuel.332, 7; Curs.M.V.6279.12898; Des.5152.
7855.7555 etc.; Lan.A.1.92.V.1.VIII.9 etc.; B.Prol.112.116.III.313 etc.
Gow. III. 48, 17: Av. IX. 16; Oct. 240. 794. 914 etc.; Gen. 533. 6022;
S. a. C. 13, 10; P. S. 193, 4; Lud. C. XXXV. 350, 26. XLII. 401. 15;
Gol.a.G.580.834.1230; Harm.o.B.36,9; Bes.8,16; Lyn.IV.Est.288.1414.
II. Trag. 83. Dreme. 1079. 1122.
 kyng, whene — König, Königin: *þe kyng kysseʒ þe knyʒt
and þe whene alce.* Gaw.2492. Ae.: cf.Hofm.p.49. Me : *weilawei nis kin
ne quene.* Misc. XX. 1) MS. Calig. 7. 17 etc., 2) MS. Jes. Coll. hat
waylaway. nys kyng ne quene. — kinges and quenes þer were. Patr.137.3;
Merch.181; S.A.L.b.II.2.b. 753; Lan. B. XIII. 169; Gow. II. 257, 22.
319, 15.III.297,17 etc.; Ant.LIII.10.XLVIII.16; Tria.7; Bar.L.XI.389.
XII.60; Lud. C. XVII. 168, 4; Lyn. IV. Est. 3628. II. Test. Pap. 1183;
Dreme. 1122.
 cow and calf — Kuh und Kalb: *He cached to his cobhous &
a calf bryngeʒ.* Clan. 629. *cobhous* scheint mir doch = *cor (cow)-house*
(Kuhhaus) zu sein; denn es binden sich, obwohl hier in etwas entstellter
Form, doch sonst im Mhd. u. Mnd. und auch im Me. die Stämme wirks-
mässig miteinander. Dadurch verliert die andere Vermuthung Morris',
cob sei eine andere Form vom mundartlichen ne. *colb*, an Wahrschein-
lichkeit. Mhd.: *kalb und kuo.* Lex. I. 1498. Ring 9d, 32; *ich kauf die kuo
und kalben.* M. u. Z. 1. 782a.6 u.7. Wolk. 31, 4, 25. Mnd.: *De ko moed
myt deme kalue recht ghan.* Sch. u. L. II. 507. 40—50. Schip. v.Narrag.
f.5b:*ick hebbe inwarlde ghehoret, eyn boese koe dar can wart selden cyn
gut kalff geboren.* ib. Bothos Chr. f. 104; ib. Kiel. Mscr. nr. 114 f. 22.
Me.: Lan.C.IX.312; A.VII.274; *never ʒit bocht kow nor calfe.* Lyn.IV.
Est. 4132; auch Nc.: *Who bulls the cow, must keep the calf.* Seitz. I.
32 a. 41 b.
 leder of ledeʒ — Führer der Männer: *a lowande leder of
ledeʒ in londe hym wel semeʒ.* Gaw.679; ähnlich: *þu leaddest israeles leode
of egipte.* Jul. 33. 16; *ledar of the ledis þat longit to Troy.* Des. 6067.
 lond and lede — Land und Leute: Für das Ae., As., An.,
Afrs., Mhd. und für Laʒ. cf. Regel p. 191. Hofm. p. 22 u. 53. Me.: *Boþe
ledeʒ & londeʒ & alle þat lyf habbeʒ.* C'an. 308. 909; *Heore londes and
heore leodes huy deldcn alle a-preo.* S.A. L. b. II. 3. a. 31; ibid. 9, 133;
Theo.V.8; Patr.87; Lan.B.XV.520; Rich.R.II.49; Al. (Laud.622) 111;
Cl. M. 81; P. S. 150, 9. 194, 4; Lud. C. XIX. 183, 6.
 lyuer and lyʒte — Leber und Lunge: *þe lyner & þe lyʒteʒ,
þe leper of þe pauncheʒ.* Gaw.1360. Regel hält mit Recht die Verbindung
für volksthümlich, seine Ansicht bestätigen die unten angeführten Parallel-
stellen. Jedoch scheint die alterthümliche Formel nur kurze Zeit in der
älteren me. Sprache lebensfähig gewesen zu sein. Für Laʒ. cf. Regel
p.191. *Lifre and pine lihte lod [liche] torenden.* See. u. L. F. C. 48.
þe forster for his riʒtes þe left schulder ʒaf he, wiþ hert, liuer and liʒtes.
Tri.498. Später wird die Phrase durch *liver and lunge* verdrängt, und
schon eine jüngere Handschrift des Laʒ. zeigt diese Form. cf.Regel 191.
 lorde and lady — Herr und Herrin: *þat lordes & ladis þat
longed to þe Table.* Gaw.2514.1229.49.933.1115; *lordis and ladyse more
and myn sall come appone a rich araye.* Erc. 433; Bok. of. C. 9. 562;
Ell.R.III. Ipom. 264, 12; Lay 1. F. 293, 4; Ant. XLII. 5; Am. LIV. 11;
Gow.I.209, 25; S.a.C.84, 20; Bar.L.V.591; Gol.a.G.179.1051; Lyn.IV.
Est. 958. II. Test. Pap. 501.
 lorde of þe londe — Herr des Landes: *þe leue lorde of þe
londe watʒ not þe last.* Gaw. 1133. 1319. 2440. 288. 1561. 1894. *lustneþ
lordes leoue in londe.* S. A. L. a. Beil. I. 1; Des. 1841. 2584. 5374.8891;

Lan. C. XII. 184; Ell.R.II.Am.a.A.422,4. *the grete lordus of the londe.*
Am. LXXII. 6; Av.XXXI.7; Min.VI.41; Gow.III.333.28; Gol.a.G.257;
lond oper lordship. Lan. C. IV. 318. X. 202. XII. 12 etc.; Gol.a.G.344.
vgl. ne. „landlord".

maker of man — Schöpfer des Menschen: *A! þou maker of man, what maystery þe þynkez.* Pat. 482. Ein dem me. *maker* entsprechendes Wort ist im Ae. nicht belegt; auch ist die Formel im Me. ziemlich selten, jedoch bindet sich das Verbum *makien* öfter mit *man. þat makar of mane þat luffit vs sa.* Bar. L. III.338; Lnd.C.XXXII.321,9; Gol.a.G.794; „*Ure loverd*", *he sede, „þat makedest man*". Flor.a.B.956; *made of mold man.* S.A.L.b.II.2.b.774; Lnd.C. XVII.162,9; *maker of mankynde.* Lau. B. X. 240; vgl. Tennyson: *The mighty hopes that make us men.* Seitz. I. 23.b.

Mary, moder — Mutter Maria: *Mary, þat is myldest moder.* Gaw. 754; *to his modir mary he preye.* Curs. M. T. 13222; V. 17074; Theo.II.615; Min.IV.10; S.a.C.32, 14.13, 15; Haz.I.W.a.tb.Ch.268.23. Häufig erfährt die Wendung noch eine Erweiterung durch *maydyn: Mary moder, maydyn myld.* S. a. C. 16, 26. 82, 11. Man stellte die Wörter besonders gern gegenüber, um das Wunder der unbefleckten Empfängniss möglichst deutlich zu machen: *moder Mary, maydyn perpetualle!* Lnd. C. XLI. 389, 13. XIII. 125, 26; Stac. 146; auch so im Ae. und Mhd. cf. Hofm. p. 25.

men in mote — Männer in der Versammlung: *alle þe men in þat mote maden much joye.* Gaw. 910. Das Ae. und An. *mót* hängt zusammen mit *métan* (sich treffen). DieMänner treffen sich in derVersammlung und im Treffen, im Kampfe. Danach scheidet sich der Sinn unserer Formel nach zwei Richtungen: beide Bedeutungen zeigen das An. und Me. Ae.: *háted cuman to gemóte moncynnes gehwone.* Cri. 1027.An.: *men kromu til manna-móts.* Möb 2-8. Fs. 128¹⁵. *manna bezt á móti vigr. (omnium in proelio peritissimus dimicandi)* Egilss. 581. Skáldh. 1. Ebenso me.: *þe man es noght ouertan in mote at smit him es tresun.* Curs. M. V. 16299. (der Mann ist nicht überwunden im Kampfe u. s. w.) Das me. *mot* findet sich nur in älteren me. Denkmälern, der Dichter des Gawain hat uns eine besonders alte Sprachformel erhalten.

mist, mor — Nebel, Moor: *mist muged on þe mor, malt on þe mountez.* (Nebel lagerte auf dem Moor und zerrann auf den Bergen). Der Dichter giebt uns mit wenigen Worten eine besonders anschauliche Schilderung einer englischen Morgenlandschaft; ähnlich im Ae.: *sinnihte heold mistige móras.* Beow. 162; *þá com of móre under misthleoðum Grendel gongan.* ib. 710.

mon, make, mach — Mann, Gemahl, Genosse: *vch mon with his mach made hym at ese.* Clan. 124. 695; *Here is no mon me to mach, for myztez so wayke.* Gaw.282; vgl. *By-twene a male & his make such merþe schulde conne.* Clan.703.Ae.: *ne eart þu þon leofra nænigum lifigendra men to gemæccan þonne se swearta hrefn.* Seel.53; Gn.Ex.155. As.: *ne habdun thiu Kristes word gimakon mid mannun.* Hêl.1837. Alle Formen, wie sie im Gaw. und in der Clan. vorkommen, finden sich auch sonst in der me. Poesie; so das Subst. make: *man and hus make* in der ae. Bedeutung. Lan.C.XIV.139. B.XI.322.362.366. XVI.221; Des.12445 u. s. w.; das Verbum *machen* bedeutet zunächst „vergleichen, gleichkommen", dann „sich messen, streiten", so im Troybook: *Thus macchit* (kämpften) *þose men till the merke night.* Des.9678; ib. 10401. 10962. 10988; Seitz. I. p. 33. b. citirt das ne. Sprüchwort: *Every man may meet his match,* welchem folgende me. Wendung gleicht: *mon hade no make of might in his lyne.* Des.10333; Lan.C.XIX.225.236.

— 24 —

mon cpon myddelerde — Mann auf der Erde: *more his is þen any mon cpon myddelerde.* Gaw. 2100; im Ae. und As. überaus verbreitet. Ae.: *engla beorhtast ofer middangeard monnum sended.* Cri. 105. 1047; Bi Döm.111; Ps.LVIII.13.LXVII.18; Vy.94; Phö.323; Men.161; Hy. III. 12; *ne þorfte him þá lean ödwitan mon on middangeard.* Beow. 2996; Andr. 1504; Kreuz 104; Ps. LXXXVIII. 40; Hy. VI. 17; As.: *that he selbo was an thesaro middil-gard mannô drohtin.* Hel. 846. 926. 1301. 1398. 1714. 3601. 3661. 4246. 4292 etc.; *hwan ér thie berehto dag obar middil-gard mannon quâmi.* ib.5770. Im Me.begegnet man nur spärlichen Beispielen: *As mon on this mydlert that most is of my3te.* Ant. L. 6; P. Fol. I. Turk. a. Gow. 40. ib. III. Sir. Cawl. 114.

mon on molde — Mensch auf der Erde: *A mensk lady on molde mon may hir calle.* Gaw. 964; *By-fore alle men cpon molde, his mensk is þe most.* Gaw.914; Clan. 1656; Pat. 479. Ae.: *nis þe wider breca man on moldan nymde metod âna.* Dan. 567; Crä. 9; Phö. 496; Andr.594.1486; Gû.962; Ps. LXIV. 11; El. 467; *me weordiad wide and side men ofer moldan.* Kr. 82. 12; Hy. 3^{12}; Gû. 1203; Kreuz. 12. 82; *þone of þisse moldan men onwceniad.* Sat.604; Mctr.20^{281} etc. An.: *manna þearra er mold troda.* Egilss. 577. Fm. 23; ib. Bk. 2, 18; *rarat á moldu madr vitrari.* ib. Merl. 1, 2. ib. Fr. II. 127, 3; *medan moldir ok menn lifa.* Möb. 305. Ahd.: *denne sval mannô gilih fôna deru moltu arstên.* Mus. 71. Me.: *I gefe þe a hundurede ponde & more, 3ef he lyue man & molde (& = en = on).* S.A.L.b.II.1.b.726; *þe pouer man of mold tok forþ anoþer ring.* Tri. 639; S.A.L.b.II.2.30.b. 774; Des. 1599. 10818; Lan. B. VII. 96. VIII. 14. X. 392; Theo.II.433; Am.a.A.2457; Lud.C. XXXVI. 357, 21; *more sory than the king was tho was never man upon this molde.* Gow. I. 217, 25; S.a.C.35.1; P. S. 149, 1; Gol.a.G.512.682; S.a.C.30, 18; Lud.C.XVII. 162, 9; *how God made bothe molde and man.* Lud. C. Prol. 1, 12.

munt, mor — Berg, Moor: *mist muged on þe mor, malt on þe mounte3.* Gaw. 2080. Für das Ae. und La3. cf. Regel p.192. An die Stelle von *munt* tritt das romanische *mountaine, mounten: all merknet the mountens & mores aboute.* Des.7350.7809; P.Fol.III. Death.a.Liffe.40.

smell, smach — Geruch, Duft: *He hade þe smelle of þe smach & smoltes þeder sone.* Clan. 461; *Hou hit schal foulore smelle and smake þen eny careyne þat is forsake of best þat breþe stinkes.* Ber.MS.Vern.94.

smoke and smolder — Rauch und Dampf: *Al in smolderande smoke, smachande ful ille.* Clan. 955; *þe crde opnede sone anonc smoke and smulder up gan welle.* Bod. a. S. 476; Lan.B. XVII.321. cf.Stratm. 451 a. Daneben begegnet man der ähnlichen Zusammenstellung: *smoke and smoþer.* Stratm.p.451 und im Sprüchwort: *From the smoke into the smother.* Seitz. p. 43.b.

schafte, schelde — Speer, Schild: *ne no schafte, ne no schelde to schwne ne to smyte.* Gaw. 205. Für das Ae., An, und Mhd. cf. Regel p. 193. 194. Hofm. p. 56. *There were schylds and schaftys schakydd.* E. T. 91. Gol. a. G. 604; Lud. C. XIX. 180, 6.

schelde on schulder — Schild auf der Schulter: *His schalk schewed hym his schelde, on schulder he hit la3t.* Gaw. 2061 2318; Für La3amon cf. Regel p. 194. *Shewyth on 3our shulderes scheldys and schaftys.* Lud. C. XIX. 180, 6.

schalk, schelde — Ritter, Schild: siehe oben Gaw. 2061. La3. cf. Regel. p. 193. 194.

tayl and toppyng — Schwanz und Schopf (Kopf): *þe tayl & his toppyng twynnen of a sute.* Gaw. 191. *toppyng* steht vereinzelt da, ist aber eine Nebenform von *top* ae. *topp* mhd. *zopf.* Jedoch bindet sich ae. *top.* nicht mit ae. *tægel* mhd. *zagel* me. *tail.* Nur das Mhd. zeigt eine

Parallelformel: *ir flehtent unde strickent alle witze in einen knopf; ir hänt den zagel unde den zopf der siben liste erkennet.* M.u.Z.3.840 a. troj. s. 64 d. vgl. Freiberg. str. 178. Me.: *tolde to him fro top and taile als pai had gyffen him in counsaile.* S. A. L. a. Beil. II. B. 141; Bod. a. S.506; *I will turn him and toss him both top and tail.* Haz. I. Thers. 414, 4; Rob. H. II. 75, 16; P.Fol.II. Guy.o.Gisb.30.cf.Stratm.504 a: vielfach in der Bedeutung „kopfüber" wie *hele ouer hed: till top our tale he gert hym ly.* Bar.B.VII.455; Tria.822.

top, to — Kopf, Zehe: *tyd by top & bi to pay token hym synne.* Pat. 229; *ouer al & from pe top to pe tan.* Jul. 59, 8; L. H. R. App. 1. Disput. Mary. a. th. Cross. 196; S.A.L.b.II.2.a.593; Lud. C. XXXII. 326, 23; Haz.II.Disob.Ch.273, 14; P.Fol.II. Guy o. Gisb. 178; *top or to.* Lyd. 229, 17.

chyn, cheke — Kinn, Backe: *Wyth chynne & cheke ful swete.* Gaw.1204. Das ae. *ceacu* kömmt bei Grein nicht vor; dagegen bindet sich das mhd. *kyn* mit *kake: kynbacke of kake.* Sch.u.L.2.439a.39.40. Diefenb. s. v. braucus. Me.: *as a bagge honged on bopen his chekes, & his chyn.* Pl.Cr.224; Gow.III.148, 30; Minst.II. 39, 4; Kin. 8, 9 u. 10; 15 u. 6; 242, 16. P.Fol.I.Lord of Learne 370. Besonders häufig erscheint die Formel in den altschottischen Balladen.

welkne, winde — Wolken, Winde: *wrope wynde of pe welkyn wrasteleʒ with pe sunne.* Gaw.525; Pat.207. Für das Ae., Afrs. und für Laʒ. cf. Regel.p.196. Hofm.p.59. *welkne-winde-water.* Lan.B.XVII.160; Ant. XXVI. 3.

wynd and weder — Wind und Wetter: *pe wynde & pe weder warpen hit wolde.* Clan.444.847. An., As., Ahd., Mhd., Afrs.cf.Regel.195. Me.: *ne dreded na wind ne na weder nowder.* Jul.72, 13; Lan.B.XV.356; Ant. XXVI. 3; Bar. L. XVI. 220. 745. XXI. 10; Bek. 1582; Rim. 22, 1; Haz. Hicksc. 185, 4. cf. Seitz. I. 37 b.

wynd, water — Wind, Wasser: *pe wyndes on pe wonne water so wrastel to-geder.* Pat. 141; *wind and wat[er].* See.u.L. F. 39; Lan. A. IX. 26, 31, 36, 4. B. VIII. 31; Gow. III. 314, 2; Sig. a. J. b. 297; Trea. 136, 17; Ae., As., An. Afrs. cf. Regel. 195. Hofm. p. 29. u. 59.

wyches and warlaʒes — Hexen und Zauberer: *pat wer wyse of wyche-craft & warlaʒes oper.* Clan. 1560; *Ye're but some witch, or some warloch or the mermaid troublin me.* O. Sc. Ball. 61, 11; Kin. 253, 3; Minst. 61, 11.

wynes and wenches — Frauen und Jungfrauen: *wynes & wenches her wombes to cornen.* Clan. 1250: *wyff wold he none, wench ne lemone.* Deg. 61. 62; Lan.C.VII.415. Ne.: *Wine makes old wives wenches.* Seitz I. 37 b.

won in worlde — Wohnung in der Welt: *wele waxes in vche won in worlde for his sake.* Gaw. 997. Ac.: *se halga Georius sidode to Criste, mid þam a wunad on wuldre.* Geo. 28, 24 u. 25. Me.: *all pat in werlde dos wone.* Cat. 353.

worlde, welkne — Erde, Himmel (Wolken): *wroʒt alle þynges, alle þe worlde with þe welkyn, þe wynde & þe sternes.* Pat.206.207.Ac.: *þu geára gesceópe ealla gesceafta....nemdest swá þeah mid áne noman ealle fógædere woruld under wolcnum.* Met.20⁵⁷; Gen.916.

stokke and stone — Holz und Stein: *goddes....þat were of stokkes & stones, stille euer more.* Clan. 1522. 1523. 1720. 1342. 1343; Pca.380. Ae., An., Afrs., Mhd. cf. Regel.p.194; Heyne 227; Hofm.p.27. Man brauchte diese Wortbindung besonders gerne, um die Verächtlichkeit der heidnischen Götter zu schildern: *Hire fals goddes ilkone, ywisse, that are but stonys & stokkes blake.* S.A.L.b.II.6, 51; Misc.Wom.o.Samar.52;

ib.XV.Prov.o.Alf.T.2,697; Bar.L.XX.337; Hen.MS.Bodl.16,5; *wherof he left neipir stykke ne stoon.* Bok.I. 740. V. 314; Bar.L.XX.337.XXI. 711. 715; Bar. B. XV. 49; Lyn. II. Test. of. Pap. 58; P. Fol. II. Guy. o. Gisb. 52
ston. stubbe — Stein, Stumpf: *stode stylle as þe ston, oþer a stubbe auþer.* Gaw.2293. ae. afrs. cf.Hofm.p.21.*stub nor ston.* Zielke. p. 21. Orf. 3, 44. *(HO. stok and stone).*

2. Begriffe geselligen sich zu einander, weil die in ihnen enthaltenen Zustände, Thätigkeiten oder Eigenschaften nach dem natürlichen Verlaufe der Dinge in **gemeinsamen Lebenssphären** gewöhnlich auf einander folgen oder sich mit einander verbinden.

beten and binden — schlagen und binden: *His cote.... aboute beten, & bounden, enbrauded semeʒ.* Gaw. 2028. Hier freilich bedeutet *beten* „beschlagen", „besetzt", „bestickt" wie z. B. *beten wiþ rede golde.* Bev. 1159. Ant. XXIX. 4, sonst aber bindet es sich meist in dem ursprünglichen Sinne mit *binden: Bad his tyrandis nakyne hir tyt & bynd & beit with schorgis sare.* Bar.L. L.609; Lud.C. XXXV.350, 2. XXXI. 310, 15; Rob. II. I. 147, 12. 22. 186, 2.

boʒe, be boun — gehen, bereit sein: *bozeʒ forth, quen he watʒ boun, blyþely to masse.* Gaw. 1311. Morris nimmt an, *boun* sei entstanden aus dem an. Part. *buinn* (vorbereitet) Inf. *bua;* jedoch läugnet Brate p. 37. die altnordische Herkunft und zieht es zu westsächsich *búan,* Part. *gebún.* Dagegen ist die ne. Form *bain* wohl von an. *beinn* herzuleiten. Dieselbe bindet sich mit *bowe* „sich beugen", „unterwerfen" alliterierend: *bowes he baynly me vntill.* Ben.715. 717. 2522. vgl. *buxum and bayn*(gehorsam und bereit).Av.LVIII.16; Gol.a.G.446; Ben.562.1220.

buske and be boun — sich vorbereiten und bereit sein: *Alle þe hapeleʒ....were boun busked on hor blonkkeʒ.* Gaw. 1693. *buske* ist keltischen Ursprungs. gael. *busg.* ir. *busgam.*: Me.: *bade hom buske & be boun.* Des.2754; *Ye'll busk and mak them boun.* Kin.38, 7; P.Fol.I. Turk a. Gowin. 9; II. Durh. ffeilde. 8; ib. 102. 150.

bryʒt and broun — schön und braun: *of diamaunteʒ a deuys, þat boþe were bryʒt & broun.* Gaw. 617. 618. *blades both browne and bright;* Rob. II. II. 79, 28: Am.a.A.2465; P.Fol.I. Rob.II.his death.71.

brode and bryʒt — gross und schön: *brode bryʒt was his berde & al bener hued.* Gaw. 845; *Floryns brode and bryght.* Oct. 576. 760; Al. MS. (Laud. 622) 12; Bar. B. 732.

depe and derk — tief und dunkel: *drynen purʒ þe depe & in derk walterez.* Pat.263.Ac.: *adó me of deope deorces wáteres.* Ps.68[14]. 93[12]. Me.: *prisoun....þat so deope was & durk þat mon mizte agrise.* M.Mar.91; Lan.C.II.55; *darkenes depe.* Ps. CXXXIX. 39, 7; P.Rel.III. Book. III. St. George a. th. Drag. 189.

derk, dede — dunkel, todt: *þe derk dede see hit is demed euer more.* Clan. 10 0. vgl. *setyn yn derkenes of deþ and dysese.* Med. 1139.

dern and dere — vertraut (geheim) und lieb: *purʒ her dere dalyaunce of her derne wordeʒ.* Gaw. 1012: *þe quen to fot and hand he serued dern and dere.* Tri.1282; Curs.M.V.6509.ib.F.8447.

doʒty and dere — stark (tapfer) und edel: *dreped alle þe doʒtyest & derrest.* Clan.1306; *Als þaa þat er his dughti dere.* Curs.M. V.23014; ib.F.23044; Deg.25; Des.6167; Av.I.6; Gol.a.G.9; P.Fol.I. Scot.FFeilde.112.

fair and fre — schön und edel: *pay wer farande & fre & fayre to beholde.* Clan.607. Bei älteren Dichtern findet sich mehr *freolic* als *frco*: Ae.: *fäyer and freolic.* Gen. 1722. Im Me. bekanntlich eine vielverbreitete Wortverbindung: *as he sumchere isch hire utnume feir and freoliche.* Jul.6, 1: *þi fair folk and þi fre.* Tri. 142; *fryre thinges freoly bore.* Spec. XIV. 46, 16. 46, 2; Sus. 17; L. II. R IX. 5. ib. Append. Fest.o.th.Ch.273; S.A.L.b.1.3, 12; Erc.230.271; Ant. LIII.9; Curs.M.V. 4223. 675; An. 10, 38; Ell.R.l.M.Arth.400,7; Am.a.A.351; Oct. 511. 783. 807; Per. 3. 501; Deg. 33. 553. 645; S. a. C. 57, 17; Med. 939; Bar.L. XXVIII. 59. L. 1112; Lud.C. X.104, 9. XXVII. 265, 13; Haz.I. W. a. th. Ch. 247. 26. ib. II. Youth. 20, 2; Bes. 12, 21. 13, 26. 19, 30; Rob. II. 150. 2. 199, 6; Kin. 213, 4. 8. etc.

funde to fle — vorwärts streben (versuchen) um zu fliehen; *ʒe fondet to fle, for freke þat 1 wyst.* Gaw. 2125. 2139; Eine ähnliche Wendung findet sich auch im As.: *nu thu eft undar thia strîdigun thioda fundôs te farranne.* Hel.3971, ebenso me. *fast i fund to fare.* Curs.M.V. 25441; *þai foundyt to flight for ferd of hym one.* Des.11276.

frely and fresch — frei (edel) und frisch: *be frely & fresch fonde in þy lyne.* Clan. 173; Afrs.: *Heyne. frî ende freesch.* Mhd.: *ich bin ain frischer freier man.* Lex.III.520.Fasn.397,31.vgl.258,11.701.2. *frisch, frô, frei.* M. u. Z. 3. 408, 8. Wolk. 58. 4. cf. Hofm. p. 26. Me.: *A fresshe, a free, a frendly man.* Gow. II. 289. 11.

gif, get — geben, empfangen: *Alle my get I schal yow gif agayn bi my trawþe.* Gaw. 1636; *Sex haukes he gat and gaf.* Tri. 350. Für das Ae. cf. Hofm. p. 69. Das deutsche „vergeben und vergessen" findet sich in Piers Plowman: *forʒiue & forʒete.* Lan. B. XVII. 242; *so sal penance mor & myn be gyfyn & getyn efter þe sin.* Ben. 1287.

God & alle his gode halʒes — Gott und alle seine guten Heiligen: *I schal swere bi God & alle his gode halʒeʒ.* Gaw. 2122. Mhd.: *ich bite mir got helfen sô unt dise guote heiligen.* M.u.Z. 1. 652. 10—12. Iw. 288.

grayþe, go — vorbereiten, gehen: *Loke, Gawan, þou be grayþe to go as þou hetteʒ.* Gaw. 448; *Ful graypely gotʒ þis god man & dos godes hestes.* Clan.541. Die Wendung kam aus dem An. ins Me.; *grayþe* stammt aus dem an. *greida*: *þo honum gangi greitt (etsi ei res prospere fluant.)* Egilss.269.Soll.8.Me.: *hastily he graithed him to gang.* Ell.P.I.359,10; „*Dos childir*" *he said „and graid your gang*". Curs.M.F. 5191; Lai.1.F.MS.Auchinl.286. Als Beweis dafür, dass die Formel altnordischen Ursprungs ist, muss es gelten, dass die me. Dichter *grayþe* gerne mit dem an. Lehnwort *gate* zusammenstellen: *þe gait it es al graid.* Curs.M.V.15278; Gol. a. G. 124. Auch *grayþly* wie in Clan. bindet sich: *tech ʒou grathly to gang.* Ben.665; Gol. a. G.54.1023.

ʒerne, ʒark — begehren, gewähren (bereiten): *ʒif þou ʒerneʒ hit, ʒet ʒark 1 hem grace.* Clan. 758. Nur eine unsichere ae. Parallelstelle mit adjektivischer Verbindung vermag ich hierfür anzuführen: *þa gyt on orde stôd Eadweard se langa, geare and geornful* (bereit und voll Begierde) By.274, wo für *geare* vielleicht *gearo* zu lesen ist. Me.: *ʒarrkenn ʒuw annd clennsenn ʒuw wel ʒeorne onn alle wise.* Orm.11725.11726.

ʒerne and ʒete — begehren und erlangen: *I haf ʒerned & ʒat ʒokkeʒ of oxen.* Clan. 66. Das ae. *geornian* bindet sich nicht mit *(bi-for-on-) gitan*; wohl aber findet sich ein Vorbild für unsere Formel: *ongitan giorne.* (genau erkennen) Met. 29³: *þät hi ongeâton and georne gesâwon, þät....* By.84; Dan.421.Ps.85¹⁶.Me.: *ʒern noght þat þou noght get may.* S.A.L.a.Beil.II.522.543; Laʒ. cf.Regel.p.212.

habben and halde — haben und behalten: *He holly haldes hit his & haue hit he wolde.* Clan. 1140; Gaw. 2390. Ae., Dt., Afrs.cf. Regel. p. 199. Heyne p. 105. Hofm. p. 23 u. 69. Dieser feierliche Rechtsausdruck scheint besonders beim Verkauf, bei Schenkungen und Verlobungen oder Heirathsakten üblich gewesen zu sein. Auf letzteres weisen nämlich folgende Stellen hin: *to haue and to holde pe fairest of Grice.* Des.2415; Spec. IX. 35, 16; *I take the, Mary, to wyff to havyn to holdyn.* Lud.C. X.99, 25; Bar.L.XXVIII.149; Per.24; Curs.M.V.2662.7636; Lan.A.II.70. B.II.101: II.II.107; Ant. LII.3; Rob.II.I.204.19.

hasty, hot — hastig, heiss: *hastyfly watz hot for hatel.* Clan. 200; *Schir Kay was haisty and hate and of ane hie will.* Gol.a.G. 100. Ne.: *In hot haste.* Seitz.I.p.41a.

honshold — Haushalt: *honest in his houshold & hagherly serued.* Clan.18: *An halle for an heyz kinge, an housholde to holden.* Pl.Cr.204. Das Compositum ist aus einer alten Formel hervorgegangen, die Hofm. p. 26 für das Afrs. u. Dt. nachgewiesen hat. Me.: *of him self is moist and colde and is the propre hous and holde.* Gow. III. 120, 6.

huntes, hornez — Jäger, Hörner: *huntes hyzed hem peder, with hornez ful mony.* Gaw.1910.1428; *hunting hornes.* P.Fol.III.In olde times paste 37; Ne.: *All are not hunters that blow the horn.* Seitz.I.31a. vgl. die Beispiele oben.

calle and come — rufen und kommen: *he calde & he com gayn.* Gaw. 1621. Mnd: *Dô unse koninck dat krech to weten, heth he sinen radt kallen rnd heten, Dat se scholden kamen etc.* Sch.u.L.II.421a.7—9. Joh. Friis. 161.

kenne and know — erkennen (noscere) und wissen: *if mon kennes yow hom to know, ze kest hom of your mynde.* Gaw. 1484; Clan. 1702; *pe kenned & cnåwed.* Stratm.p.295a.Kath.2096; *Als god pai suld it knau and ken.* Curs. M. V. 2292. 6862; *Ic ha don sin in lucheri wit womman knaun and rnkend.* ib. 28474; Gol. a. G. 1211. 1325; Au. 34, 15. 49, 11.

layk. luf — Spiel, Liebe; *Is pe lel layk of luf, pe lettrure of armes.* Gaw.1513. Ae.; cf. Regel. p.250. *nenne he lufige mid lâcum pone he leoht gescóp.* Jul.111; *leofran lâc* Gû.278.Me.: *Her loue laike* (Liebesspiel). *pou bihald for pe loue of me.* Tri.2020. *He me louez with oute lac.* S.A.L.b.II.1 538; *lonely laike.* Lan.B.XIV.243; Rat.R.3485.

luf, lyst — Liebe, Lust: *fare we alle wyth luf & lyste.* Pea. 467; *pat we may lere hym of lof as oure lyst biddez.* Clan. 843. Ae.: *pâ pe neode pe on heora lufun lustum healdad.* Ps. 121[6]. Mhd.: *got sach im lib in hôhir lust.* Lex.I.1902. Jer.148d. Me.: *he loued pe lust.* Curs. M.G.9109.Lan.B.XVIII.414.*Anone unto the sonne he preyde for lust of loce* (Liebeslust). Gow.II.108,30. III.26,11.80,13. III.42, 28.214, 29 etc. *(Galathe) had a lusty love* (fröhlicher Liebhaber) *and trewe a bacheler in his degre.* Gow. I. 163, 20. 164, 12. 293, 19. III. 15, 24: in weiterer Trennung: Gow. III.343,6.334,12.13. Lyn.II.Dreme.406.V.Deplor.Qu. Magdal.64.

lyf, lond — Leben, Land: *lyf cpon londe lede any quyle.* Gaw.2058. Ae., An., As. und Laz. cf. Regel. p. 226. Hofm. p. 53. Me.: *while thou lirest in thy londe.* Gow. III. 229, 9; Stac. 507; P. S. 155, 4; Av.1.8; *los baithe lyf and land.* Rat.R.3220.Av.XXXVIII.2; Bes.46,16. 52, 19; *of land and liring will make me bair.* Minst. III. 113, 20; P. Fol. III. W. Stewart & John 222 und öfter.

loue, longe — lieben, verlangen (sich sehnen): *for luf longyng in gret delyt.* Pea. 1152; Gaw. 540: *made hym langwys in Loue & Longynges grete.* Des. 9154; *par lai i in mi luue langing*; Curs. M. V. 24629; Lud. C. IX. 83, 20.

loue, luf, leue — loben, lieben, glauben: *þe loued þat lorde & leued in trawþe.* Clan. 1703. Die Conjektur von Morris, für *laued loued* zu lesen, scheint mir sehr wahrscheinlich, da *loued* sowohl mit *Lorde* (Pea.285.Clan.497) als auch mit *leued* siehe unten) formelhaft alliteriert. Die drei Stämme *loue* ae. *lofian*: *luf* ae. *lufian, leue* ae. *lēfan, lȳfan* binden sich auch anderswo im Englischen in allen möglichen Variationen: für das Ae. cf. Hofm. p. 70. Me.: *to luf hom wel & leue hem not, a leude þat coupe.* Gaw.2421. *ihesu crist godes sune þat ich on leue & luiue as lauerd lufsumest.* Jul. 12. 13. 16, 15. 13, 4. 16. 4. 22, 6. 24, 2. 26. 1. 28, 15: Med. 797: Lan.B.X.356. XV.165.469.XVII.44 etc; *laued and lele, and loued in lede.* Curs.M.V. 4040 und Bar.B. XII. 171: *Lordings, we aucht to loue and luff* (loben und lieben) *Almychty God;* vgl.Rat.R.1338.cf.Schulze.B.50.p.120. *lofflich u. lefflich* Neocor.1.126. 142. 185.

mete & mirþe — Speise und Vergnügen: *alle þe mete & þe mirþe þat men coupe a-ryse.* Gaw.45.1007.71. Nur eine Stelle findet sich bei Grein, wo das Adj. *merge* (lustig) mit *mete* und zwar nur in loser Bindung zusammengestellt ist: *him þa twigu þincad emne swa merge, þæt hi pæs metes ne recd.* Met.13⁴⁵.Me.: *Mete in heor Murþe.* Lan.A.XI.39.; *myrthes at thi mete.* Ant. XIV. 13.

mon-sworne & men-sclaʒt — Meineid und Mord: *mon-swore & men-sclaʒt & to much drynk.* Clan.182. Der Dichter der Clan. hat uns hier eine alte Rechtsformel erhalten, die im Me. schon sehr selten war aber gemeingermanischen Ursprungs ist. Genau so im Ae.u. Mhd.cf.Heyne 176.u.Schulze 49.p.161. Vgl. auch für das An. u. Afrs. Heyne 176. Hofm. p. 28. 53. 54. vgl. Me.: *murþerers and mansworn.* Curs.M.App.I.23112.

to-raced and rent — niedergerannt (zu Tode gehetzt) und zerrissen: *al watʒ to-raced & rent at þe resayt.* Gaw. 1168. *race* ist abzuleiten vom ae. *rǣsan.* Morris übersetzt „*run down*“. Der Ausdruck scheint aus dem Jagdleben genommen zu sein. Das Wild wird erst müde gehetzt und dann getödtet. *For yow thus was I rent & rayst* sagt Christus zu seinen Jüngern. Skr. 11, 19; Bok. I. 395.

red, ryche — roth, reich (kostbar): *al watʒ rayled on red ryche golde nayleʒ.* Gaw.603.1817.952; Clan.1045; Gaw.2036. *(þe butras) of rede gold yarched riche.* Zielke p. 10, 22. Orf. 360; *The heade and the feders of ryche rede golde.* Rob. H. I. 191, 7.

redy and ryʒtwys — bereitwillig und rechtschaffen: *þenne in worlde watʒ a wyze wonyande on lyue, ful redy & ful ryʒtwys, & rewled him fayre.* Clan. 294. Dem me. *redy* ist nur das schwedische *redig* gegenüberzustellen; aber erinnert nicht unsre me. Formel lebhaft an folgende ae. gleichen Sinnes? *hálig læce rede and rihtwis, rúmheort hláford.* Hy.7⁶³.

ryde and renne — reiten und rennen: *Oþer to ryde, oþer to renne, to rome in his ernde.* Pat. 52. Mhd.: *riten unde rennen.* Lex. II.404. Roseng.II.579. Im Mnd. sowohl in intransitiver als auch transitiver Bedeutung: *Dey ryt neyn gud nobel ross, De dar rent up eyner zegen.* Sch.u.L.III.461b.39—41. Koker. S. 349. Anm; *Von dem waghen driueren vnde den ienen, de de perde rennen eder ryden.* Sch. u. L. III. 461. b. 24. 26. Me.: *ryden and rennen.* Lan. B. XV. 220; *Wold he nowdur hors ne man with hym to ren ne ryde.* Gowth. 258. Mhd. cf. Schulze B. 50.p.106: An. *renna ok ríða.* Grimm.RA.

sore and synful — krank (verwundet) und sündig: *Nov ar we sore & synful & sor[er]ly vch one.* Clan. 1111. Die Grundform der Sprachformel lautete: *sunne and sor* Sünde und Schmerz (Krankheit), wie z. B.: *Vre sunne and vre sor.* Misc. II. Mor. Ode. 203; Shor. 131, 10.

schwere Sünden: *on paim sco wepe hir sinnes sare.* Curs. M. V. 14010. 26100. 28676. schwer sündigen: *He that sore synnyd ly stille in sorwe.* Lud. C. XI. 168, 18. XXIII. 213, 21; Tri. 2006. vgl. P. S. 159, 9. Auf die Verbindung des stammverwandten *sori* (ae. *sārig*) mit *synne*, welche im Me. häufig ist, gehe ich nicht näher ein.

sothe and siker — wahr und sicher: *„Hit is sothe", quod þe segge, „ď as siker trwe".* Gaw. 1637. *Thou shalt it find seker and sooth.* Ell. R. 1. Merl. 1. 240, 12.

telle, tene — erzählen, lästig (schwierig) sein: *he tened quen he schulde telle.* Gaw. 2501. 1008. 547. Ae.: *siddan hie getealdon wid þam teonhete on þam fordherge fēdan twelfe.* Exod. 224.

techen, tellen — belehren, erzählen: *þe teccheles termes of talkyng noble.* Gaw. 917; *tent þe tale & teche.* Clan. 676; *til him þan war pai taght and tald.* Curs. M. V. 8841; Lan. C. XVIII. 180. B. XV. 568. XX. 8; Pl. Cr. 794; Curs. M. V. 13870; Gow. II. 146, 28; Rat. R. 1149; Ben. 378; Har. o. B. 26, 2.

wele and worschyp — Reichthum und Ehre: *wynne with wele & with worschyp þe worþely peple.* Clan. 650. 651 ; Gaw. 2432; Pea. 394. Ae.: *hi wilniad welan and whta and weordscipes tô gewinnan.* Met. 19⁴⁴. Me.: *tri[e]dly honoured, with myche worschip & wele.* Des. 13967; Ant. XXI; Rel. A. Popul. Songs. 1. 74; Gow. I. 200, 7. II. 188, 28 ; Au. 4, 24; Gol. a. G. 73.

werre and wrake — Krieg und Rache: *where werre & wrake & wonder Bi sypes hatȝ wont þer-inne.* Gaw. 16. 17; Lan. C. XVIII, 85. XXI, 459; *Why werre and wrake in londe and manslaught is y-come.* P. 1, 1. 49, 1.

wiles and werke — Ränke und Thaten: *lewte yow wonted, Bot þat watȝ for no wylyde werke, ne wowyng nauþer.* Gaw. 1367. Morris übersetzt *wild, amorous*, aber sollte nicht für *wylyde — wyly* (hinterlistig) zu lesen sein? vgl. *Thys Gynever the clerke, with hys wylys and hys werke, made to fle with hys boste thre kyngys and hare hoste.* S. S. 2731.

winne, wade — ankommen, gehen: *he wan to þe watter, þer he wade nolde.* Gaw. 2231. Im Ae. bedeutet *winnan* streben nach etwas: *nele wadan on wisdôm, winnan æfter snytro.* Sal. 388.

wyt and welde — wissen und beherrschen: Diese Formel hat dem Dichter vorgeschwebt, als er Gott nannte: *þe welder of wyt, þat wot alle þynges.* Pat. 129. Zwei Eigenschaften werden Gott in dieser Wendung beigelegt, Allwissenheit und Allmacht: *He wit and wald alle þing. and schop all schafte.* Misc. II. Mor. Ode. 83. *good God, that is most wisest and welde of wits.* Haz. I. W. a. Ch. 268, 19. P. Fol. II. Guy a. Colebr. 518.

wroþ, wod — wüthend, wahnsinnig (rasend): *watȝ.... euer wroþer þe water & wodder þe stremes.* Pat. 161. 162; Pat. 403; Gaw. 2289. Me.: *Ihc was so wroþe and so wod.* Flor. a. B. 1091. 1161; Jul. 61: Curs. M. V. 13923. 17291; Am. a. A. 1357; Lyd. 197, 3; Lud. C. XX. 196, 10; Gol. a. G. 770; vor Wuth rasend werden: *for wrathe þo Kaym wax ner wood.* S. A. L. b. II. 2 a. 484, ebenso Ell. R. III; Am. a. A. 401, 2; Trea. 138, 25; Christoph. 191; Bek. 151; Gow. III. 58, 16; rasend in seiner Wuth: *wode in his wrathe, wild as a lion;* Des. 3746. 5924.

springe and sprede — entstehen und sich verbreiten: *þis speche sprang in þat space & spradde alle aboute.* Pat. 365; *the blostme ginneth springe and spred.* O. a. N. 437; *This speche furth sprede & sprange vppo ferre.* Des. 2904. 3536; Lan B. XX. 54; S. a. C. 22, 13. 49, 14; Lyd. 64, 24; Lud. C. IV. 40, 26. XLII. 402, 11.

stand and stare — stehen und (an)starren (glänzen). *wyth a starande ston, stondande alofte.* Gaw. 1818. *I had more joy at his running than to stand and stare and see the justing.* Ell. R. III. Ipom. 238, 5.

3. Ausdrücke von **begrifflicher Aehnlichkeit**, welche **wenig unterschiedene** Seiten derselben Vorstellung enthalten, werden lediglich zur nachdrücklicheren Hervorhebung des Gesammtbegriffs in lebendigem Parallelismus durch das Band des gleichen Anlauts zu einander gesellt.

breme and brathe — ungestüm und heftig: *orpedly strydez, bremly broþe on a bent, þat brode watz a-boute.* Gaw. 2233; *Esau coms brem and brath.* Curs.M.V.4003. MS. G. 7606; Gowth. 108; *saul....was he bremli brath.* Curs.M.V.7606.

blyþe and bryzt — heiter und licht: *his hod boþe with blyþe blaunner ful bryzt.* Gaw.155. Ae., As. cf.Hofm.p.29. Me.: *Ysonde for to se in halle, brizt and bliþe.* Tri. 2970.

blo and blak — fahl und bleich: *blo, blubrande & blak, un-blyþe to neze.* Clan. 1017. (so beschreibt der Dichter das todte Meer): *blomez blayke & blwe & rede.* Pea. 27; Morris übersetzt hier *blayke* mit „yellow", aber weshalb nicht „weiss (bleich), blau und roth?" Man vgl. die folgenden Stellen: *many a devele blo and blak.* Bod. a. S. 414; Patr. 106, 4: *thi bodi* (der Leichnam Jesu) *wes blak ant blo.* Spec.XXV.68,19; *als led þai war blac and bla.* Curs.M.V.8073. 16767, 28; L.H.R.Disp. App. I. 190; Lud. C. 2, 19. 22, 16; Bar. L. II. 1152; Lyn.IV.Est.4262.

dreme and drauele — träumen und unruhig schlafen: *in drez droupyng of dreme draueled.* Gaw. 1750. Morris leitet *drauele* von Ae. *drêfan* (stören) ab und vergleicht mit dieser Phrase folgende Stelle: *Of dreflyng and dremys quhat dow (avails) it to endite?* G.Douglas.vol. I.p.447; ebenso auch *dreamand* and *dreueland.* Lyn. IV. Est.2221.

farande and fayre — herrlich und schön: *þay (þe wyzez) wer farande & fre & fayre to beholde.* Clan. 607. *farande* leitet Morris von dem gälischen *farranta* ab. Das Wort erscheint bei unserm Dichter mehrere Male mit *fest* gebunden: *farand fest* (herrliches Fest).Gaw.101. Clan.1758: *Gyff þow in court be reparand, Hals glaidly be fair farand.* Rat. R. 3300.

glyde and go — gleiten und gehen: *Alle þat glydez & gotz, & gost of lyf habbez.* Clan. 325. 1590; Gaw. 935. Die Formel hat auf englischem Boden wenig Anhalt, wohl aber in anderen germanischen Gebieten. As.: *hwó siu an themu endie skal teglidan endi tegangan.* Hêl. 4458. Mhd.: *diu naht zegleit und zergienc nach der vinster hanecrat.* M.u.Z. 2. 1. 576. Enest. 1408. Mnd.: *en schurert gebunden up sine siden Na der Hasenporten ging he gliden.* Sch.u.L.120. 32—35. In e. osnabr. Liede bei Liliencr.2, 228, 262.

glyteren, glenten — glitzern, glänzen: *al glytered & glent as glem of þe sunne.* Gaw.609.2039; *gle[i]ces gletering glent opon geldene scheldus.* Deg. 279.

grete and grone — weinen und seufzen: *I wyl nauþer grete ne grone.* Gaw.2157; *grête and gróne.* Stratm.p.212 a. Town. myst. 227. Sonst kann ich nur ähnliche Verbindungen nachweisen: mit *greden* ae. *grǽdan*, während *greten* von ae. *grǽtan* herstammt: *Y grede, y grone, unglad.* Spec. VII. p. 29, 8: Stratm. p. 208 b. h. h. 80. Denselben Sinn hat auch folgende as. Phrase: „*gi sind nu só druobia*", *quad hie „nu gi minun dód witun, nu gornónd gi endi griotand*. (klagt und weint ihr) Hêl.4726.

grim and grise — grimmig und grässlich (grauenhaft): *per apered a paume, with poyntel in fyngres þat was grisly & gret & grimly he wrytes*. Clan. 1534: *they (the gyants) be soe grim and grise*. P. Fol.II.Lib.Discon.648.ib.III. Death.a.Liffe.154; *Sir, ther walkes in my way a welle grim gryse*. (grimmiges Ungeheuer) Av. II. 16.

hyle and hide — verheimlichen und verbergen (verhehlen und behüten): *þou unhyles reh hidde* (du entdeckst alles Verborgene) *þat heuen kyng myntes*. Clan. 1628. Ae., Afrs. cf. Hofm. p. 28 u. 69. Me.: *ʒef me hut aut heled hit*. Stratm.p. 279b. Marh. 15; Curs. M. V. 27437. 27441; Lan.B.XI.343; Min. VI, 16; Ell. R. I. M. Arth. 365, 1. 405, 7; Rat. R. 3445; Lyd. 223, 18.

calle and clepe — rufen und flehen: *pere he kneles & calleʒ & clepeʒ after help*. Clan. 1345. Wie sehr auch diese Bindung im Me. beliebt ist, so wenig ist dieselbe in den älteren Sprachen vertreten. *clepe* ist ae. *cleopian, clypian*. Nur das mnd. *klappen*, das nicht hierzu sondern zum ae. *clappian* stimmt, bindet sich mit *kallen* in derselben Bedeutung: *Nement schal runen noch klappen noch kallen* (laut schwatzen und rufen) *under godes denste*. Sch.u.L.II.420 b.18.19. Hannov.Mscr.1. 84. S. 181; ebenso Me.: *what so men cluppe or crie* (schwatzen und schreien). Stratm.90b. Chauc.C.t. 12893. *wel ofte ich clepie and calle þu iher me forpan*. Misc. XXIX. Pr. t. th. Virgin. 14; Curs. M. T. 1118; Spec. XI. 112, 12; Lan. B. XI. 184. 185. XIX. 113; Gow. I. 345, 14. II. 260, 17; Bok.XI.489; Bar.T.Ms.Douce.1155.1160.

knarre, knot — Fels, Klippe: *þay vmbe-kesten þe knarre and þe knot boþe*. Gaw.1434; *knotty, knarry*. Chauc.Lindn.p.331.

leue, luf — lieblich, Liebe: *þe leue lady on lyue luf hir bityde*. Gaw. 2054. 1802. Ae., Mhd. und Laʒ. cf. Regel. p. 181. *mi lufsum leof mi leowinde lauerd*. Jul. 16, 16; *lufsume leofmon*. ib. 52, 12; Curs. M. V. 2466.

littel and lasse — gering und geringer: *hit is littel & lasse hit is worthy*. Gaw.1848; *It were as litel nede or lasse*. Gow.III.162, 25. cf. die Beispiele aus Shakespeare u. Swift: Seitz.I.p.23a.33a.

robbe and reue — rauben und stehlen: *hit were rafte wyth vn-ryʒt & robbed wyth þewes*. Clan. 1142; *robberes and reueres and þe monquelle* (Räuber, Diebe, Mörder). Misc. XXV. A lut.s.Serm.27; genau so R. S. 81, 23; *þai robbed and þai reued and held þat þai hent*. Min. IX.24.III.122. 123; Curs.M.Gal. 29340; Des. 12388. 13172 ; Lyd. 57, 21; Rob. II. I. 147, 11.

seke and sare — krank und verwundet: *þer watʒ seknesse al sounde þat sarrest is halden*. Clan.1078. Ae., An., Laʒ. cf. Regel.p. 206. *As he lay in sekenes sare*. L.H.R.III.320; Des. 5570; Curs.M.V. 8061; *Seint Thomas sore sik lay*. Bek. 892; *sore men & seke soundly to rest*. Des.6057 ; Bar.L.I.303.IX.17.X.113.XVI.9. etc.; Per. 1078; Ell. R.H.Rich.C.d.Lion 234, 10; Bod. a. S. 379; Ben. 1332; M. Pr. C. 772; *syke ne sori*. Lan.B.XVII.344; Lud. C. VIII. 72, 29; *Launcelot sickened sely sore*. Ell. R. I. M. Arth. 405, 2; *sears and seik*. Lyn. II. Trag. 363; An. 116, 9.

syn and sake — Sünde und Schuld: *Lo al synkes in his synne & for his sake marres!* Pat.172; *Schal synful & sakleʒ* (sündige und unschuldige) *suffer al on payne*. Clan.716. Ae. mit anderer Bedeutung „Fehde und Streit": *þá wæs synn and sacu Swenona and Geata wroht gemæne*. B. 2472. Ph.54; *feond sceal wid ódrum ymb land sacan* (streiten), *synne stǽlan*. Gen. C. 54. As. dagegen in der mc. Bedeutung: *He habad*

maht fon gode. that he alatan mag lindeō gihwilikun saka endi sundea.
Hêl. 1009. 86. 1717. Me.: *sake d' sinne.* Stratm. p. 413 b. Orm. 1335.
Curs.M.F.839.ib.V.8590.10259.19242.23047.etc.; Theo.V.652; M. M.
Hom.II.118; Ad.90: *folowe hym pat dyed on rode for oure synnes sake;*
Al. (MS.Laud 622) 39; Ben. 295; M.Town.M.88; „*sakeles of syn*". Sus.
240; Curs.M.V.2440.

selepe and sloumbere — schlafen und schlummern:
Slypped rpon a sloumbe, selepe, d' sloberande he routes. Pat. 186. Mhd.,
Ae., Laʒ. cf. Regel. 207. Me.: *as he slombrid in slepynge.* L.II.R.App.
I. Festiv. o. th. Ch. 332; Lan. A. Prol. 10; Des. 6; *slombrid and slepte.*
Rich.R.62; Des.8428; Pl.Cr.91.Ne: Scitz.1.24.b.

swenge, swepe — schwingen, fegen: *swyftely swenged hym
to swepe d' his swolʒ opened.* Pat. 250. Ae.: *toswcop and toswengde liges
leoman.* Az. 99; Sal. 1v 1. *mid sweopum swingan* (mit Geisseln schlagen).
Jul.188. Me.: *wip suaipis pai paim suang.* Curs.M.App.I.19355.

schemere and schyne — schimmern und scheinen: *hit
schemered d' schon purʒ pe schyre okeʒ.* Gaw.772; Pea.80; *shimered and
shone, as the sheere heauen.* P.Fol.III.Death.a.Liffe.59.

schrylle and scharp — schrill und scharf: *wyth a schrylle
scharp schoute pay schewe pyse worde.* Clan. 840; *sharpe and shrille.*
Godw. 49.

tee and teme — gehen und sich nähern: *Thay teen vnto
his temmple d' temen to hym seluen.* Clan. 9. Ae.: cf. Hofm. p.71. Afrs.:
Heyne. 240. *dyne syl tyaende ende temande.* Richth. W. 350, 19. 415, 37
u.s.w. (das Siel, die Schleuse ist (wasser) ziehend und zähmend (zurückhaltend).

tene and tray — Aerger und Kummer: *entyses hym to tene
more trayply pen euer.* Clan.1137; *trayply* zornig, Adv.zu *tray* ae. *trega.*
Ae.: Hagar sagt: *Ic fleah wean, wana wilna gehwilces, hlæfdigan hete
hean of wicum, tregan and teonan.* Gen. 2274. Me.: Stratm. p. 495 b.
widute teone d' treie. Hom. 1, 193; *Serewe and kare er mid leten and eke
treʒe and tene.* Hen.MS.Bodl. Digby.22, 3; M. Town. M. 544; An. 6, 31;
Curs.M.V.18254.17050.10472.etc.Bar.L.XXXVII.68.XLIX.240; Am.a.
A. 1572; Lud. C. 7, 12, 18, 18. X. 104, 26; P. 380; Rob. H. 179, 14.

tyde and tyme — Zeit und Stunde: *Hit bytydde sumtyme in
pe termes of Jude* (es geschah einst).Pat.61.ebenso: *sa betyd a tyme pat
he of Alexandir to pe cite was cumyne.* Bar.L. L.1; Curs. M. V. 24756;
copulativ: *tyde and tyme.* S.A.L.b. Theodora. 32. 82; Curs.M.V.28134:
M.M.H.155; *Bothe terme, tyme, and tyde.* Lud.C.X.100, 13. Ne.: *Time
and tide come round to all.* Hml. 5. 1. bei Seitz. p. 25 a. ib. 36. b.

wast and wyld — wüst und wild: *in wasturne* (Wüste) *walk
d' wyth pe wylde dowelle.* Clan.1674. Für das Ae., Afrs., Mhd., Laʒ. und
Orm. cf. Regel. p. 209. 210. Me.: *(In pat) contre west d' wylde Barabas
wonyde yn pat way.* S.A.L.b. II.1 b. 41. Curs. M.V.18890. 5801. *wast
wyldyrnesse.* Bok.II.315.Bar.L.XVIII.927.

waxe and worp — wachsen und werden: *waxeʒ now....
worpeʒ to monye.* Clan. 521; Rel. A. Best.214; *A knaf-chyld at dewyse
pat wox d' worth rychtwyse;* Bar. L. XXVI. 1038; P. Fol. III. Death. a.
Liffe. 248.

wytles and wod — unsinnig und wahnsinnig: *watʒ pe
wyʒe wytles, he wed wel ner.* (er war beinahe wahnsinnig) Clan. 1585;
Au. 91, 14; *Wraithly vvroht, as thei vvar vvitlese and vvode.* Gol. a. G.
573.1014; *Negh wode of his wit walt into sorow.* Des.9841.10895; Z.p.
15, 11; Lyb. Disc. 953. *Will. of.* Pal. 36. Bev. 1916.

stad and stoken — gestellt und gesteckt: *hit is stad d'
stoken.* Gaw. 33. Diese beiden Wörter sind im Ae. nicht belegt. *steden*

entspricht mnd. *steden* und *steken* mnd. *steken*; hier finden wir auch die Verba gebunden: *l'use heren rom dome steiken dat handelent der fursten und stad in die gemeine thv Hildesh.* Sch.u.L.III.380 a. 23—25. Lüntzel, Stiftsf. 136.
stande and steme — stehen und stillstehen: *pay stoden & stemed d*styllyspeken*. Gaw. 1117. Das dem me. *steme*, ne. *to stem* entsprechende Wort ist nur im Mhd. sicher nachzuweisen: *mit sinem glanze celle trat gestemmet stuont diu riche wât.* M.u.Z.639.II.2.21—23.troj.s.123a.
stele and stayre — steil und jähe: *Bitwen þe stele & þe stayre disserne nozt cunen.* Pat. 513. Mnd.: *steyger, steyl, als die berghe synt.* Sch. n. L. IV. 377 a. 29 u. 30. Teuth.
stif and stronge — stark und kräftig: *As hit is stad & stoken, In stori stif & stronge.* Gaw.33.34; *ze ar stif in-noghe to constrayne wyth strenkþe.* Gaw.1496; *Ich habbe bile stif and stronge.* O.a.N.269.5; Ell. R. II. Bev. o. Hampt.157, 5; Erc. 525. 560. 528; Curs.M.V. 18140; Tria. 617; S. a. C. 44, 19; Bes. 27, 16. 64, 13; Rob. H. II. 342, 9; P. Rel. p. 202. Marr. o. Gaw. 154; P. Fol. II. Durh. Heilde. 137 u. s. w. sehr häufig in den Balladen Percy's.

4. Die formelhafte Verbindung der Wörter wird durch ihren **begrifflichen Gegensatz** herbeigeführt.

bifor, bihynde — vorne, hinten: *wheþer his fooschip me tolzez bifor oþer bihynde?* Clan. 918; Gaw. 1741. As.: *biforan endi bihindan.* Hêl. 3660. In der mittelenglischen Poesie dient die Formel sehr häufig zur Ausfüllung mangelhafter Verse. *biforen (bifore) & bihinden.* Laz. 439; *þat wes bi-fore nv is bihynde.* Misc.A Luue Ron.35; ib. II. A. Mor.Ode.86; ib.Prov.o.Alfr.T.2.237.238; Sec.u.L. G. 39; Patr. 53, 6; S.A.L.b.1. 7, 66; ib.II.3.a.88.209; Curs.M.V. 1846. 6277. 16637. etc.; Ell.R.II.Guy.o.Warw. 79, 24; Al. (Laud.622).491; Stac. 30. 196; Lud. C. 27, 20. XIX. 182, 6. etc. Der Dichter verletzt (Gaw. 1741 und Clan. 20.) ein germanisches Alliterationsgesetz, dass nur betonte Silben Stäbe tragen dürfen, indem er *bifor oþer bihynde* und *with-inne & withouten* reimen lässt.

do, deme — thun, beschliessen (urtheilen): *any dede þat I haf don oþer demed þe zet.* Pat. 432. Ae., As. u. Laz. cf. Regel. p.212. Me.: *what ye deme to be done at this du tyme.* Des. 9808. 9281. Urtheilen über Thaten: *of his dedis to deme.* Des.13671; Sig. a. J. 197; Rich. R. III. 10; Lan.A.III.185; Au. 37, 13; Curs. M.V. 28148; *fordon and for-demde* vernichtet und verdammt: Misc.II.Mor.Ode.268.

frayste, fynde — suchen, finden: *as þou foly hatz frayst, fynde þe behoues.* Gaw. 324. 455. Nur selten wird der so natürliche Gegensatz dieser Begriffe im Me. durch jene alliterierenden Wortstämme ausgedrückt: *payh þu frayny after freond ne finstestu non.* Misc. IX. O. Serv.Chr.73.

frend, fremed — Freund, Fremder: *fer floten fro his frendez fremedly* (als Fremder) *he rydez.* Gaw. 714. Ae.: *þär me fremdes ær freondum stonded hidendra hyht, gift ic habban sceal blaed in burgum.* Rä. 89¹. Mhd.: *fremde u. freunde.* Schulze B. 49. p. 144 u. 145. *fremed* tritt im Me. als Adj. und als Subst. auf: *he him fremede frend ywerche.* Prov. o. Alf. VI. 12. 13; *Bath gain fremd and freinds als.* Curs. M. V. 11808.28292; Gol.a.G.909.1079.

gray, grene — grau, grün: *al grayes þe gres, þat grene watz ere.* Gaw.527; *the grasse that was gray greened beliue.* P.Fol.III.Death. a. Liffe. 73. Ne.: *Grey and green make the worst medley.* Seitz. I. 30.b.

— 35 —

harm, hap — Unglück, Glück: *non may hyden his harme,
bot ruhap ne may hit.* Gaw. 2511. Anderswo nur in der Bedeutung
„Unglück befällt" nachweisbar: *Nae harm, good Will, shall hap to thee.*
Minst. III. 112, 10; P. Fol. III. Sir Cawl. 6. Anm. 3, 12.
hete, halde — versprechen, halten: *at pat euer I yow hyzt,
halde schal I rede.* Gaw. 1970. 2341. Ae.: *hét me his word weordian and
wel healdan, læstan his láre.* Gen.537; ferner lose gebunden, und *healdan*
in der Bedeutung „festhalten, aushalten": *heht his hereciste healdan georne
fäst fyrd-getrum.* Ex. 177. By.102. Me.: *artou diht for to holde pat pou
hiht.* S. A. L. b. II. 9, 123. ib. 5, 594: Rat. R. 283; Oct.1428; Av.X.3.
XXXIV.8.XXXVIII.16.etc.: Curs.M.V.1722.
quelle, quik — tödten, lebendig: *quelle alle pat is quik with
quauende flodez.* Clan. 324. 567. As., Laz. cf. Regel. p. 214. 215.
more and myn — mehr oder minder. Es ist eigenthümlich,
dass diese Sprachformel im Englischen so wenig Verbreitung gefunden
hat. Den andern germanischen Sprachen ist sie sehr geläufig und bis
in die neueste Zeit erhalten. Während im Ae. nicht einmal das Wort
min belegt ist, erscheint der Gegensatz der beiden Wortstämme im Me.
ziemlich häufig, stirbt aber dann bald aus. *of pe more & pe mynne.*
Gaw. 1881. Mhd.: *die minren und die merren.* Lex. 1. 2107. Ulr.Wh.
108 d. 155 a; *daz minre and daz merre.* ib. Flore. 5099; M. u. Z. 1.
141b.21. 22. Iw. 115; *der tuot weder minr noch mér als ein koufmann.*
M. u. Z. II. 1. 142 a. 2—4. Teichn. 170; Lex. I. 2142. Pf. üb. 9, 498;
Lex. I. 2152; M. u. Z. 2. 1, 175a 40. 41. 176 a 2—4. u. s. w; M.u.Z.
2. 1. 175.b 39—41. Heinr.Trist.5224. cf. Hofm. p.26. Mnd.: *the meiren
ether minneren, the rike ether de arme.* Sch. u. L. III. 72 a. 35—38.
Brem. Stat. 16; *dit weren sine worde wér mér edder minder.* Sch. u.
L. III. 72 a. 42. 43. R. V. 1612. ib. III. 92 a. 26. 27. 2. Mos. 16. 17 (H.)
20, 30 etc. Afrs. u. An. cf. Heyne 175. Me.: *What maner sadel he rod
inne wuste he neuere more ne mynne.* S.A.L.b. I. 5, 656. ib. 6, 269; M.
Town.M. 112.282; Bok. o. C. 666; Theo. H. 789; Ben. 186. 1286. 1807;
Gowth.417; Bar.L.XII.234.XXI.616.XXIII.416 etc.; *thai rear machit at
mete pe mare and pe myn.* Gol.a.G.1159.
oper now, oper neuer — jetzt oder nie: *oper now, oper
neuer his nedez to spede.* Gaw. 2216. Ae.: *mæfre furdur ponne nu.* El.
288 (niemals mehr als jetzt); *we pás næfre gehyrdon, buton hér nu pá.*
El. 661.
samne and sundre — sammeln und sondern: *Ne samned
neuer in no syde ne sundred noup[er].* Gaw. 659. Ae.: *ponne se dead
cymed, ásyndred pá sybbe, pe ær samod wæron, lic and sáwle.* Seel. 4.
Mhd.: *unde nam sis alle wunder sament unde sunder bemareten siz.* M.
u.Z.2.2.737b. Trist.13148; Lex.2.597. Engelb. 1061; Mnd.: *sament edder
mallich besunderen.* Sch. u. L. IV. 20. 45—50. Calenb. Urk. 7, nr. 58;
*No wor en man vnde en rruwe sic sammet mit echtschap rnde sunderlike
hebben echte kinder etc.* Sch. u. L. IV. 20. 1—4. Lüb. R. 247.ib.45—50.
Sudend.7.Nhd.: *sammt und sonders.*
seke and sounde — siech und gesund: *per walz seknesse
al sounde pat sarrest is halden.* Clan. 1078. Mhd.: *er wære gesunt oder
siech.* M.u.Z.2.2.356a.48 u.49.Exod.D.133, 19; *gesuntheit ane siecheit.*
M.u.Z.2.2.357a.42 u.43. Barl.2265; M.u.Z.2.2. 747. 10 u. 11. Zürich.
jahrb. 48, 39; cf. Schulze B. 50. p. 117. Me.: *seke & ensound set out of
hele.* Des. 9175; *In absence present, rich in want, in sickness sound.*
Ell.P.II.72, 14.
schape and schende — schaffen und zerstören: *Schalt
pow schortly al schende & schape non oper.* Clan.742; *schap pe to shende.*
S.A.L.a.Beil.II.B.920.

wele and wo — Wohl und Wehe: *worpe hit wele, oper wo, as pe wyrde lykez hit hafe.* Gaw. 2134. Ae.: cf. Hofm. p. 58. Mhd.: *wir hán niht gewisses me, wan hiute wol and morne we.* M.u.Z.3.541. 1 u. 2. a. Heinr. 714; M.u.Z.3.541a.3 u.4. Walth. 63, 19.27—29. Barl. 48, 26. Pf.; M.u.Z.541a. 4 u. 5. Parz.223.20; M.u.Z.3.541a. 4 u. 5. Parz.223.20; M.u.Z.33 u.34.ib.541b.5—10. Trist. 19484.ib.3.798a—800a; Lex.3.965. Me.: *god after cuele, weole after wowe.* Misc. XV. Prov. Alfr. T. I. 142; App.II.P.o.Hell.251; S.A.L.a.Beil.II.B.200; L.II.R.XIII. Royal MS. 189; Spec.XI.40, 10.XXV.71.7.etc.; Bok.o.C.280; Min.III.52; Lan. A.XI.114.C.1.10.XIII 209.etc.; Crown.K.112; Dros.u.N.8; Ed.R.III. Am.a.Amyl.400,2; Al.(Laud.622.)1050; Max.235; Erc.687; Gow.I.47, 17. 288, 29. 305, 20. etc.; Is.305.380; Deg.592.1160; Curs.M.V.4054.7312 etc.: Bar.L. XIV. 20. XVI.494.etc.; Bar.B.III.354; Rat.R.1334; Tria. 57.177; Oct.359; Lyd. 223, 10; Au. 15, 1. 22, 9; O.Myl. 168; Bes.415. u.s.w. Ne.: Scott.cf.Seitz.I.25a: *Weal and woe come with world's gear.*

with-inne and with-outen — sieh unten.

spede, spare — eilen, zurückhalten (schonen): *spycez, pat en-sparely men speded hom to bryng.* Gaw.979; *hoder on be spede, ne oper sparde.* Ben.2324.

spede and spylle — gedeihen lassen und zerstören: *pe sauour of his sacrafyse sozt to hym euen pat al spedez & spyllez.* Clan. 510. 511. Ae.: *Ne purfe we us spillan, gif ge spēdad to pam.* By. 34; Ex. 154. Me.: *speche pu maht spillen and ne speden nawiht.* Jul.24, 14; Tri. 2177. 2178; Curs. M. 2376; Gow. II. 88, 16. 280, 4. III. 219, 23. 241, 21; Per. 1176.

on and oper — der eine und der andere: *Bope pat on & pat oper, myn honoured ladyez.* Gaw. 2412. Ae.: *án wäs Ananias. óder Azarias, prīdda Misael.* Dan. 91; Met. 25[52]; Sat. 26. Mhd.: *die ein und ouch die ander.* Lex.I.521.j.Tit.1011.1014.1101; ib.Loh.1423; M.u.Z. 1. 416 b. 38. 39. Engelh. 1085. 3135. 1300 u. s. w. Me.: *oon or opir.* An. 83, 10; *I chil ʒive on and oper.* Lai.1. f. 281.243; Curs.M.V.1573. 2409.2979.F.14244; Al. (MS.Vern) 110; P. S. p. 326. 51; *als pe tan als be pat toper.* Curs.M.V.7074.18504.18861.22929.28786; Ben.1624.1625.

vt-with and inwyth oder *with-inne and with-outen* — innen und aussen: Ae.: *innan and útan eordan lime gefästnod wid flóde.* Gen.1322.677.Cri.1005; Phö.301.B.774.cf.Hofm.p.72 u.73. Heyne 136.Mnd., An., Afrs. ib.136.Hofm.p.23.Me.: *be honest etwyth, & inwith alle fylpez.* Clan. 14; Pea. 969. 970. Genau so wie im Ae.: *bath vt and in.* Curs.M.V.6485. *with outward & with inwart ene.* Bar.L.XXVIII.122; *Bope with-inne and with-outen in wedez ful bryzt.* Clan. 20; Misc. Prov. o.Alfr.T.2.656.657; S.A.L.b.1.6, 343.II.3a.31; Ber. Vern. MS.60.86; M.Town.M.127; Bok.o.C.669; Curs.M.V.1674.5615.17347.19689. etc.; Lan.A.IV.37.C.VII„31 etc.; Rich.R.I.43; Gow III.307, 17; Av.XLVII.3; Lud.C.IX.84, 12.XI.110, 9.

III. Die allitierierenden Wörter stehen in einem grammatischen Verhältnisse zu einander.

1. Substantivum und Adjektivum in attributiver oder auch prädikativer Verbindung.

blake broʒes — dunkle Augenbrauen: *nozt watz bare of pat burde bot pe blake broʒes.* Gaw. 961; *Hyr bent browys blake.* Bok. I. 210.

bolde burne - **kühner Mann:** *puȝt hit a bolde burne pat pe burȝ aȝte.* Gaw.843.1465.2524.1574.2338; Clan.789.Ae., As., Laȝ. cf. Regel. p. 217. Me.: *My bolde burnes wold me blame.* Egl.547; Curs.M. V.7; Am. a. A. 399; Max. 246; *banrentis, barounis and bernis full bald.* Gol.a.G.5.733.

burde bryȝt — **schönes Weib:** *paȝ I were burde bryȝtest, pe burde in mynde hade.* Gaw. 1283; *seynte Marie pe brude pat bryht is and bleo.* Misc. O. Serv. Chr.31; Tri.1354; Spec.VIII.32, 7.X.36, 21; *pis birddes briȝt of ble.* L. d. Fr. 35; Deg. 591. 934. ib. 652. 1133. 1545; Ant.XIII.2. XXIX. 10; Av.XVIII.7. XIX. 11.; XXIX. 14. XXX. 3. etc.; Oct.1009: Am.a.A. 434. 469 etc.; *Now welcom bryth berde Goddis aungel.* Lud. C. XLI. 387, 5. 389, 11.

brawden bryne — **geflochtenes Panzerhemd:** *pe brawden bryne of bryȝt stel ryngeȝ.* Gaw. 580. Ae.: *pær wäs on corle edgesyne brogden byrne and bill gecost.* El. 256. 257.

bryȝt bem — **heller Strahl:** *Bryȝt blykked pe bem of pe brode heuen.* Clan.603.Ae.: *beorhtan beam.* El.1255; Gu.1283; Ex.249; Kr.6. Me.: *briȝter penne pe sonnes beme.* Curs. M.V. 17866; Lyd.160, 18.2, 6. 161, 22.216, 20; Bar.L. XXVIII. 222; Lud. C. XXX. 288, 18; Lyn. III. Meldr. 712; Lyn. II. Mon. 3928. 5328; Pas. o. P. 74, 20. 210, 23.

bryȝt bour — **schönes Gemach:** *broȝt hym to a bryȝt boure.* Gaw.853; *per pu lay in pi bright houre.* Curs.M.G.25629; Bod.a.S.163; Cl. M. 98; Bes. 16, 21; *bryȝt in boure* dient häufig als Attribut einer schönen Frau: *ledies that beth bryht in boure.* Spec. XIV. 45, 8. 87, 21; Am. a. A. 67. 430. 560. etc.; Z. p. 12, 16, Thop. 31, Launf.629. *bryȝt* wird substantivirt: *non hym knew, bot pat bryȝtt in bowr.* Gowth. 437; Haz.Th.W.a.Ch.251, 1.

bryȝt bronde — **schöner Feuerbrand (Schwert):** *braydeȝ out pe bryȝt bronde, & at pe best casteȝ.* Gaw. 1901; Pea. 989; Clan. 1012. Ae.: als Epitheton der Sonne: *bronda beorhtost.* Sch. 65. Me.: *mani brandes bright.* Curs.M.V.15732; Am.a.A.1115.1347; Lud.C.XIX.183,20; Gol. a. G. 975. 1032. 626; Ant. XXXIX. 10. XLIV. 9. Zeitwort mit Adverbium: *briht as pah he bernde.* Jul. 68, 7; Sig. a. J. 251; Sus. 319; S.A.L.b.II.1.a.609; Bar.L.III.58; X.250; Lud.C.XXIX.288, 18; Am. XVII.3; *brondys brennyng alle bryght.* Oct. 231; Ell. P. I. 343, 11.

bryȝt bryne — **schöner Panzer:** *pe brawden bryne of bryȝt stel.* Gaw.580; *purch her brinies briȝt her boper blod was sene.* Tri.2379; Bod.a.S.435; Am.a.A.1244; Lud.C.XLII.402, 22; Gol.a.G.94.

brode berde — **breiter (grosser) Bart:** *brode bryȝt was his berde & al beuer hwed.* Gaw. 845. Mhd.: *mit ellenbreiten barte.* M. u. Z. 1.90a.3.Gudr.1510.3; *mit eime barte breite wol geflohten.* M.u.Z.1.90a. 8 u. 9. Parz. 513, 24.

depe dale — **tiefes Thal:** *vche a dale so depe pat demmed at pe brynkeȝ.* Clan.384. Ae., As., An., Laȝ. cf. Regel. p. 217. *deope dale.* Lan.A.I.57.B.Prol.15; Av.XVII.13; Par.P.39, 10; Gol.a.G.29.

depe dich — **tiefer Graben:** *pe depe double dich pat drof to pe place.* Gaw. 786. cf. Laȝ. Regel. p. 218. *in a dep dich adoun perynne prewe it he.* S.A.L.b.II.2a.1121; Br. 27, 5; Lan.A.Prol.16; *He fell in to a dyke full depe.* S.A.L.a. Beil.II. B.570; Curs.M.V. 9899; Bar. B. VIII.189; Gol.a.G.408; Gow.II.128, 5; O.Myl.71.

dere day — **festlicher Tag (hoher Festtag):** *he wolde neuer ete rpon such a dere day* (nämlich am Neujahrsfeste). Diese Verbindung ist mir sonst im Me. nicht begegnet; für ihre Volksthümlichkeit sprechen aber anklingende Wendungen in den alten Sprachen. Ae.: *pe on gemynd nime pære deorestan dægweordunga* (hohe Festesfeier) *röde under roderum.*

El 1234. An.: *dýrt dagverk*. Egilss.117. Isl.I.164, 3; *merki dýrs dagverkis; dýrar dáðir.* ib. Has. 15.

dere do₃ter — liebe Tochter: *His two dere do₃tere₃ deuoutly hem haylsed.* Clan.814. Ae.: *secolde euc wexan Apollines dohtor diorboren dysiges folces gumrinca gyden.* Met.26⁵². Me.: *hver fore aorsakestu þi sy ant ti selhde, Mi deorewurde dohter.* Jul. 10, 30; *So dude aftur here hir douhtur dere Eustoche.* S. A. L. b. I. 1, 176. 5, 16. ib.II.1.b.511 ib.II. 5, 377.406.554 etc.; Tri.1255. Des.13101.13392. 10505 etc.; Jos.646; Lan. C.III.33; Curs.M.V.3858; Am.a.A.518.777.1391; Bok.III.139. 263 etc.; Gow.III.324, 9; Gen.4164; Gowth.548; Bar.L. XXX.191.XXXIII.173 etc.; Lud.C.X.91, 2; Lyn.IV. Est. 1301. 4390; Bes. 6, 20. 20, 30: Haz. Cal. a. Melib. 88, 25. 89, 27; Rim. 28, 6 und öfter in den schottischen Balladen sowie bei Percy.

derne dede — geheime That: *Quat derne dede had hym dryuen, at put dere tyme.* Gaw. 1047. Die Lesart der Handschrift „*derne*" ist beizubehalten, denn unser Dichter bindet auch an einer Stelle der „Clannesse" die Wörter alliterierend: *þer is no dede so derne þat ditte₃ his y₃en.* Clan.588. Ae.: *ne beod eowre dæda dyrne, þeah ge hy in dýgle gefremne!* Gû. 437. ib. 464. As.: *al sô thiof ferid darno mud is dâdium.* Hêl.4362; *thuo iru thiu gisiuni quámun thuru thes dernion dád an dages liohte.* Hêl.5453. *derne dede* ist zwar auch im As. und Me. belegt, *derbaro dádio* Hêl.5465; jedoch giebt die handschriftliche Lesart der Clan. einen ganz guten Sinn: „Welche geheimnissvolle oder unbekannte That ihn vertrieben habe". Me.: *nis no so derne ded idon in so þeostre nyhte.* Misc.Mor.Ode.77; Tri.2698; Spec.IV.23, 2. V.27, 2; Curs.M.V. 17858; Lan.B.IX.189; Min.I.10.

do₃ty dynt — kräftiger Schlag: *hade ben ded of his dynt, þat do₃ty was euer.* Gaw.2264; *þere mi₃th he sen in tourn[ua]ment what kni₃th was dou₃ttiest of dent.* Al.(Laud.622) 143; *with dyntus that werun du₃te.* Av.XVI.8; Gol.a.G.542; P.Fol.I.Eg.a.Grine. 1020; ib. II. Lib. Discon. 1686. 1972. 192.

fayre fax — schönes Haar: *fayre fannand fax umbe-foldes his schulderes.* Gaw.181. La₃., As. cf. Regel. p. 218. *far of fax and face.* Bar.L.XVII.7; *Hir faire faxe thus hath he spilte.* Bes.47, 12.

fayre folde — schöne Erde (Feld): *ferly fayre wat₃ þe folde.* Gaw. 1694. Ae.: *Sennar, grêne wongas, fâgre foldan.* Gen. 1658; *on þâ fâgran foldan* (Paradies). Cri. 1390; Bo. 37; Az. 119; Phö. 352; *lisse on lande lagosidu rest fâger on foldan.* Gen.1487. Men.143. Kr.8. Das As. hat wie das Ae. die beiden Formen *folda* und *feld: fagar an felde.* Hêl. 437. Me.: *pow go into þe feire feld.* Ber.Vern.157; Lau.B. Prol.17; *fair fourmet the folde.* Av.I.2; *fayre fylde.* Ant.XXXIII.13.XLV.1.Oct.1467. Ne.: *A fair field and no favour.* Seitz.1.28.b.

fayre folk — schöne Menschen: *al wat₃ þis fayre folk in her first age.* Gaw. 54. As.: Der Dichter des Heliand nennt die „Engel": *fagar folk* (lichte Schar) *godes endi filu sprákun.* Hêl.412. Me.: *fair folk and þi fre.* Tri.142; Ant.XXVI.6; Barb.T.1.298. Ne.: *Fair folk are ay foisonless.* Seitz.1.p.28 b.

fel fyr — grausames Feuer: *felle flaunkes of fyr & flakes of soufre.* Clan. 954; Gaw. 847; *In byttyr brennyng and fyer so felle.* Lud. C.I. 21, 17; Barb.T.MS.Douce.148.1735; Bar.L.IV.341.

fre freke — edler Mann: *þe fre freke on þe fole hit fayr in-n[o]ghe þo₃t.* Gaw. 803. Das ae. *freca* bedeutet „kühner Krieger"; dem ae. Adjectivum *frec* entspricht genau das mhd. *frech* „kühn, keck", welches mit dem entsprechenden Adjektivum eine Parallelformel bildet: *daz man nie gesæhe sô vrechen noch sô vrîen helt.* M. u. Z. 1. 402 a. 45—47. und ebenso M. u. Z. 3. 396 b. 1 u. 2. troj. 126 a. Im Me. erscheint die Verbindung selten; ich kann sie nur in der Ballad of Chevy-Chase belegen: *Many a freyke, that was full free*, P. Rel. Cheu. Chase II. 23.

glad gest — **froher Gast**: *god as a glad gest mad god chere*. Clan. 641; *ne gladieþ* (laetificatur) *me no geest, ne joie of more feest*. Max. 208.

godlych god — **guter Gott**: *þe godlych god gef hym onsware*. Clan. 753. Laʒ., Ae., As., Mhd. cf. Regel. p. 218. 219. Shakesp. cf. Seitz. I. p. 22. b. Sprichwörter ib. p. 30. b. 50. b.

grene gresse — **grünes Gras**: *schal neuer grene per-on growe, gresse ne wod nawþer*. Clan. 1028; *as growe grene as þe gres*. Gaw. 235. Ae.: *Adam stóp on grêne gräs*. Gen. 1137; Rä. 16⁶. As.: *an grase gróniumu*. Hêl. 2851. Mhd.: *vil kurz kleine grüene gras was úf den esterich gestrent*. Lex. 1. 1071a. Ulr. Wh. 143b; M. u. Z. 1. 566a. 16—19; *grüene als ein gras*. M. u. Z. 1. 2. 566a. 21. Lex. 1. 1098b. Mnd.: *Do nu lesten pinxten was, lach ick in dat grone gras*. Sch. u. L. II. 139. 43—45. Soest. Dan. 21. Me.: *þe gresse es euer ilik grene*. Curs. M. V. 1012. 1255; Lan. B. XI. 357; Bok. III. 632; Al. (Laud. 622) 425; Gow. III. 357, 10. 367, 23; P. S. 185; Egl. 776; Ne.: Seitz. II. 18. b. I. 30. a.

grete got — **grosser Gott**: „*I graunt*", *quod þe grete got*, — *graunt mercy*", *þat oþer*. Clan. 765; *grete godhede*. Lud. C. XXXVI. 354, 22.

greueʒ grene — **grüne Haine**: *groundeʒ & þe greueʒ grene*. Gaw. 508; *þis greues wexen al gray, þat in her time were grene*. Tri. 14. 15; Des. 12972; Ant. VI. 4. V. 8. 10. LIII. 12. LIV. 2; Chauc. cf. Lindn. p. 333.

groundeʒ grene — **grüne Gründe** (Felder): Ae.: *wôd on wœgstream ofer grêne grundas*. Ex. 312; An. 777. Me.: *þe eorþe cleuet as a scheld on þe grounde grene*. S. A. L. b. II. 9; P. Fol. II. Guy a. Colebr. 252. 604.

hard hap — **schweres Geschick**: *harde vn-hap hent*. Clan. 1150; *hard arne myn happys*. Lud. C. XIX. 182, 16. Ne.: *Set hard heart against hard hap*. Seitz. Prov. I. p. 30 b.

heʒe houses — **hohe Häuser**: *heʒe houses wilh-inne þe halle to hit med*. Clan. 1391. As.: *allaro húsô hôhôst*. Hêl. 5077. Me.: *seiʒ halles ful hyʒe & houses full noble*. Pl. Cr. 208.

hert holle — **reines (gesundes) Herz**: *now þou hatʒ þi hert holle, hitte me bihou[e]s*. Gaw. 2296. Ae.: *dôd eowre heortan hâle and clæne* (macht eure Herzen gesund und rein) Ps. 61⁸; ähnlich mit dem Subst. *hæl: þät we mid heortan hælo sécan*. Cri. 752.

heuy hert — **schweres (sorgenvolles) Herz**: *heuy herttes ben hurt wyth heþyng oþer elles*. Pat. 2. Ae.: *þät wäs torn were hefig ät heortan*. Gen. 980; Gú. 982. 1025; Wand. 19. Me.: *Soght wit heui hert and druppand chere*. Curs. M. V. 12625; Ell. P. I. 34, 12; Am. VIII. 3; Lyd. 188, 18; wie im Ae.: *We were ffor hym ryght hevy in herte*. Lud. C. XXXVIII. 372, 8; Ben. 751; Bes. 30, 3; *I wold hevy ʒour hertes sore*. Lud. C. X. 100, 21.

hyʒe hil — **hoher Berg**: *hiʒe hilleʒ on rche a halue & holt wodeʒ rnder*. Gaw. 742. 2087. 2199; Clan. 380. 406; Pat. 463; *He ladde him on an heiʒ hul*. S. A. L. a. IV. b. 600; Tri. 377; Gow. III. 102, 23. 93. 4. II. 171. 24. 261, 6; Lud. C. XXII, 20; Kin. 140, 1; Chauc. cf. Lindn. p. 333.

hyʒe horn — **lautes Horn**: *Huntereʒ wyth hyʒe horne hasted hem after*. Gaw. 1165. Wenigstens etwas Aehnliches findet sich im Ae.: *his horn âhafen heane on mihtum*. Ps. 88²¹.

hyʒe hors — hohes Ross: *He with his hapeles on hyʒe horsses were*. Gaw. 1138; *heiʒe hors, & gode stedes*. Al. (Laud. 622) 266. hoch zu Ross: *The knyght that rode so hye on hors*. Rob. H.I. 185, 15. Ne.: *On one's high horse*. Seitz.I.p.41a. Prov.Phr.ib.II.18 b.

hote hunger — heisser Hunger: *þe hote hunger wyth-inne hert hem wel sarre*. Clan. 1195. Ac., As., Afrs., cf. Regel. p. 199. 200. Me.: *þere hongur is hote, hartis ben febill*. Des.5171.9377; Lan.B.XVIII. 205. Auch die beiden Substantiva *hunger and hete* binden sich copulativ; folgende Beispiele mögen zur Bestätigung der Bemerkungen Regels über diese Formel dienen: *he tholit trawal ful gret and als bath gret hungir & het* (Hunger und Hitze). Bar. L. II. 912; Lan. B. XIV. 57. XV.266. Ne.: *They must hunger in frost that will not work in heat*. Seitz.I.31a.Prov.

kene kyng — edler König: *So kene a kyng in Caldee com neuer er þenne*. Clan. 1339. 1593: Gaw. 1048. *kene* entspricht ae. *cēne*, ahd. *chuoner*. Die Formel lässt sich bei Grein nur an einer unsicheren Stelle nachweisen. *David wäs häten diormód häled, Israéla brega ädele and ríce, cyninga cýnost, Criste liofost*. Ps.Cott.L.3, wo *cýnost* wohl als Schreibfehler für *cēnost* aufzufassen ist. Me.: *saul þe forme king kempene kenest*. Jul. 60, 17; Lud.C. XLII. 401, 15; *Than carpit king Arthur kene and cruell*. Gol.a.G.46.

kynde craft — angeborene Kraft (Trieb, Fortpflanzungstrieb): *I compast hem a kynde crafte & kende hit hem derne*. Clan. 697. *kynde* ist ae. *cynde* („naturalis", „innatus", „ingenuus"), ebenso *kyndly* = ae. *cyndelic: þurh gecyndne cräft*. Edg. 35: *he þe gesecge sidra gesceafta cräftas cyndelice*. Sch.5.

clene cloþ — glänzendes (reines) Tuch: *clad wyth a clene cloþe, þat cler quyt schewed*. Gaw. 885; Clan. 634. *clene* ae. *clǽne*, ahd. *chleiner*. Die Bedeutung des Wortes ist ursprünglich „glänzend", „schön", wie sie mitunter im Me. noch durchklingt z. B.: *richely rayled in his aray clene*. Gaw. 163, dann „glatt", „ganz", „rein", schliesslich: „klein", „dürftig", wie im Mhd.: *swie vil ein valschiu kleider treit, doch sint ir ére kleine*. Lex.I.1618.MSF.24, 7; *si hete nůr ein kleinez kleit ûf daz houbet geleit*. ib. Frauentr. 181, kl. Me.: *ordeynd feir wimmen wiþ clene cloþing*. S.A.L.a.Beil. II.A.614. ib. b.II.2 a.974; L.H.R. III.261.428; Bar.L. XXXVI.895.XL.11, 12; Bar.T.I.346; *clene clad in stele*. Av.XXXVIII.10; Lyn.II.Dreme.209; *clanness of bodi in cloþing is ofte þe soule defoulyng*. S.A.L.b.I.1, 92.

care colde — kalter (frostiger) Kummer: *he toke on hym self oure careʒ colde*, Pea. 808. 50. Pat. 264. Ac.: *he gewrǽc syddan cealdum cearsíðum* (frostiges Kummergeschick) *cyning ealdre bineat*. B.2396. Me.: *þe bisschop hert for care was calde*. Theo. II. 638; P. S. 152, 7.

comly kyng — edler König: *þe comlokest kyng þat þe court haldes*. Gaw. 53; *A! comly kyng coronid, þat þis kith aw!* Des. 2482; Med.518.M.Town.M.71;Min.IV.1; Ant.XXVIII.9; Lud.C.XVII.161,9; Haz.W. a. Ch. 244,33; Gol. a. G. 13. 185. 292; Rob. II. I. 202, 12. 20) u. öfter in den alten Balladen.

comly knight — edler Ritter: *a comloker knyʒt neuer Kryst made*. Gaw.869.1520; *with him come mani a kumly knight*. Min.VII.95. IV.3; Lud.C.XVII. 161, 13; Gol.a.G. 669. 725. 1172; Minst. III. 77, 19 und häufig in den Balladen.

comlych quene — edle Königin: *sayde ful hyʒe To þe comlych quene wyth cortays speche*. Gaw.469; *y have loste my comely quene*. Tria. 203; Rim. 26, 2; P. Rel. p. 102; Sir Ald. 63. 65. u. s. w.; öfter in den alten Balladen.

lene lady — liebc Frau: *þe lene lady, on lyne luf hir bilyde.*
Gaw. 2054; *lene lenedi he sede þin ore: iscend icham Jnouʒ.* S.Jul.(Ashm.
43).124; Curs. M.V. 20265; Theo. H 492. — *lonely lady* liebenswürdige
Frau: *þe louelokkest ladies þat euer lif haden.* Gaw. 52. 1218; in loser
Bindung.Gaw.757; L.H.R.App. 1. Disput. 263; Langl. A. I. 3. VII. 18;
Erc.87.105.675.276.etc.; S.A.L.a. Beil.II.B.1131; Rel. A.Cristm.Car.
76; Bes.67, 11: *þis leueli ladi.* Curs. M. V. 24686; *a lufsum lady ledand
a knyʒte.* Ant.XXVII.6; Lyn.II.Test.Pap.501.Dreme.785. P.Fol.I.Eg.
a. Grine 251.851.

lene lorde — lieber Herr: *þe lene lorde of þe lande watʒ not
þe last.* Gaw.1133.Ac.: *mynton forletan leofne hláford.* Met.26⁷²; B.3142.
Me.: *lustneþ lȝrdes leoue in londe.* Misc. Beil. I. 1. Vis. o. s. poul.1. —
mony luflych lorde, ledeʒ of þe best. Gaw. 38. 981; *luflyche Lord.* Ant.
XLIX. 10.

luþer lastes — böse Laster: *With þy lastes so luþer to lose
rus rehone.* Pat. 198; *Jn luthere lastes y am layn.* Spec. XV. 47, 8.

lonelych lokkeʒ — liebliche Locken: *His longe lonelych
lokkeʒ he layd ouer his croun.* Gaw. 419; *locks so lovely.* Rim. XIII.
p. 47, 6.

man myʒty — mächtiger Mann: *He watʒ mayster of his
men & myʒty him seluen.* Clan. 1237; *a man of much might.* P. Fol. II.
Lib. Discon. 534. 1635. 1698; ib. Triam.786. ib. Durh. ffeilde. 22. etc.
ib. III. Bess. 83; Kin. 93, 13; *Manhood Mighty am J named in every
conntry.* Haz. I. W. a. Ch. 251, 11. 252, 5.

merk mydnyʒt — dunkle Mitternacht: *When merk of þe
mydnyʒt moʒt no more last.* Clan. 894; *Wex merke as the midnighte
mystes full thicke.* Des. 4628. 8748; Erc. 171; ganz ebenso: Ant. VI, 11;
Bar.L.XIII.155; Mins.III. 257, 3; P.Fol.II. John a. Side 86. etc. auch
merke of mydday: The sun is past the merke of mydday and more. Ant.
XLIV. 6.

myld moder — gütige Mutter. Die Formel dient stets als
Attribut der Jungfrau Maria. *Mary, þat is myldest moder so dere.* Gaw.
754. Mnd.: *Sei (yodes) moder is so milde unde ok so reine.* Sch. n. L.
III. 91 a. 47 u. 48. Theoph. 1. 700; *unser leuen moddren ze ligher und
milder gedechtnisse* ib. III. 91b. 2 u. 3. (1468) Everst. Urk. nr. 489. Me.;
Mutter der Güte: *Moder of Milce and mayde hende.* Misc.VI.41.XXVIII.
A. Prayer t. o.Virg. 2; *moder of milder[t]nisse* ib. XXIX. A. Prayer t. o.
Virg. 2; *Mayde milde Moder.* ib. XXVIII.Song.t.th.Virg.35; S.A.L.b.
II.1.a.309; L.H.R.VIII.334; Med. 779; Ad.97; Stac. 146; Curs. M.V.
11009.11325 etc.; Sig.a.J.I. 394; S. a. C. 16, 26 etc.; Barb. L. L.459;
Lud. C. XX. 197, 27. — *myld Mary* gütige Maria: *maria mild.* Curs.
M. 11597. 13222 etc.; Theo. H. 615. 633; Shor. 131, 1; Gowth. 18. 64;
S.a.C. 16, 26 etc.; Lud. C. Prol. 7, 11. IX. 80, 30; Bes.22, 9. 41, 26 etc.
Haz. II. Youth. 27, 1.

myry morning — heiterer Morgen: *in þe myry morning
ʒe may your waye take.* Clan. 804; Gaw. 1691; besonders beliebt in
folgender Bindung: *myry morny[n]g of May.* S. S. 261; Erc. 27; Rob.
H. II. 7, 13. 326, 22; S. a. C. 57, 21.

modi man — hochmüthiger (stolzer) Mann: *to manace mody
men þat in þis mote dowelleʒ.* Pat.422. *modi.* ae. *môdig.* as. *môdag* (wild,
böse im Herzen). Ae.: *hlôh þá môdi man.* By. 147; *se wäs þára manna
môdgast ealra.* Vid. 36; B. 2698. As.: *hwurbun ina umbi môdag mannô
folk.* Hêl. 4918. 4223. 4124; Me.: *stod adoun in þe bodi of þe chirche,
as mon modi.* S. A. L. b. I. 2, 1051; Min. V. 42; Ell. R. II. Guy o.
Warw. 25, 12; Bar. B. IX. 659; Bar. L. L. 319; An. 2, 3. 12, 28; Max.
4, 219.

much myrþe — grosse Freude: *most myrþe myʒt meue þat crystenmas whyle.* Gaw. 985; *per was foulene song, muche murþes among.* S. A. L. b. II. 9, 162. ib. b. II. 5, 86. L. II. R. VII. 214. 290. ib. App. Fest. o. th. Ch. 159; Al. (Laud. 622). 57; Curs. M. V. 676. 10576 etc.; Theo. II. 712; P. Fol. II. Egl. 1280.

much myʒt — grosse Macht: *I wot his myʒt is so much, þaʒ he be myssepayed.* Pat. 399. Ae.: *þær bid gehýred þin hálige lof and þin micele miht mannum tó frófre.* Hy.7³²; Kr.102; Ps.70¹⁵. *micel and mihtig, þeah heo hit þurh monnes geþeaht ne scearode.* Gen.605. As.: *that sie thiu mikila maht metodes tedëlda, wrêd wurdi-giskapu.* Hêl. 511. 2286. 4090. 4117. Me.: *Godes wisdom is wel muchel and al so his myhte.* Misc.II.Mor.Ode.211; Tris.2790; Spec.XXVIII.83,7; Curs.M.V.10069. 16322 etc.; Min.VII.12.XI.27; Gow.III. 160, 14 etc.; Gowth.382; Bar. L.XL.671.683.etc.; P.378; Lud. C. XIX. 186, 16 etc.; Haz.I.W.a.Ch. 249,4; Bar.B.1.402 etc.; Rat.R.2284: Ad.4; Al. (Laud.463).9; Oct.23; *pauh he beo muchel of miht, to such þing haþ he no riht.* S. A. L. b. I. 2. 669. ib. II. 6, 148. ib. 9, 26; Oct. 352 etc.; Bar. L. XIX.29; Lud.C. XVII.169, 6 etc.; Tria.1576; Ell.R.I.M.Arth. 366, 9; Curs.M.V.8997; L.d.Fr.117; *God, þat is of mihtes most.* S.A.L.b.I.4,5.ib.II.1.b.2399. ib.II.2. a. 855 etc.; Gowth. 1; Bar. L. XVIII. 1461 etc.; Lud. C. XVII. 166, 22; Haz.I.Everyman. 141, 10 etc.; Rat. R. 1377; Gen. 2845; Stac. 674; Curs.M.V.25577; Sus.315 u.s.w.

riche rynk — kostbarer Ring: *ho raʒt hym a riche rynk of red golde werkeʒ.* Gaw.1817; *He droʒ forþ þat riche ring.* Flor.a.B.1127; Curs.M.V.5126; Cl. M. 114; Bes. 66, 23.

salt se — salzige See: *Al so salt as ani se & so ho ʒet standeʒ.* Clan.984.Ae.: *sealtne sæ.* Cri.677; *sealte sæwægas* (salzige Meereswogen) Dan.384; *sæstreamas sealte.* Ps.LXXIX.11.XCV.11.Afrs.cf.Heyne.Mnd.: *ouer de solte se.* Sch. u. L. IV. 161, 11—13. Hamb.R.135, 7. *he dortoch all dat land wente a de solten se.* ib.Magd.Sch.62, 19. Me.: *me may inne scalte se Cristny wel mitte beste.* Shor.9, 15; F.El.10, 27; Mins.II.60,16. III.52, 4.277, 16.359, 24; P.Fol.II.Durh.ffeilde.14.King Ald.32.

synful saule — sündige Seele: In der Clan. nur lose gebunden: *sulp no more þenne in synne þy saule per-after.* Clan.1135.Ae.: *nô þæs gylpan þearf synfull sáwel.* Bi Dôm.69; Cri. 1519; Sal. 171. Me.: *Mone a synful soule were per-in cast.* Misc. App. II. Pains o. Hell. 29. App.III.Vis.o.s.poul 34.61.227; L.II.R.App.II. 3; Curs. M.V. 25624; Au. 33. 16. 47, 9 etc. S. a. C. 39, 6; *my sowle from synne to save.* Lud. C.XXXVII.362, 25; Ben.518; Bar.L.VI.494; Med.1134.

sypes sere — mehrere Male: *he sayned hym in sypes sere.* Gaw. 761. *said to him oftsithes sere.* Theo.H.809.

softe somer — milder Sommer: *solace of þe softe somer þat sues per-after.* Gaw.511.Mhd.: *diu senfte süeziu sumer-zit.* M.u.Z.3.51a. 6 u. 7. Trist. 544.

swetnesse of somer — Lieblichkeit des Sommers: *Ne þe swetnesse of somer, ne þe sadde wynter.* Clan. 525. Mhd.: *süezer sumer.* M.u.Z.751.2.2.10—14.Walth.76, 17; vgl. frauend. 436, 18. 22. Teichn. 12. *sumersüez* (sommerlich lieblich) *des meien sumersüeziu wunne.* M.u. Z. 2. 2. 28—30. MS. 1, 10b. Trist. 544. Ne.: *As sweet as summer.* Seitz II. p. 20. b.

schene scheld — glänzender Schild: *on his schene schelde schapen watʒ þe knot.* Gaw. 662; *with spere and schelde and helmes schene.* Min. VII. 105; Ant. XXXIX. 9; Av. XL. 2. XLII. 14; Oct.1233; Bar.L. XXXIII.921; Bar.B.XI.461; Gol.a.G.604.689.690.775.

tru token — wahres Zeichen: *I tazlte addr-truest token of talk y cowpe.* Gaw. 1486. 1527. 626. 2509. Ae.: *gif þu wel pencest wid þinne waldend wære gehealdan, treowe táken.* Andr. 214; Gen. 714. 653. 2324; *þät hire þurh untreowa táeen ierde, se hire þone hearm gerad.* Gen. 774. 540. Me.: *treuliche taken.* Lan. A. III.65. B.VII.65.XVI.230; *A trew tokyn ist we shalle be saryd alle.* M. Town. M. 529: Curs. M. V. 18416.

pro pozt — ernster, ungestümer, böser Gedanke: *His pro pozt watz in þat, purz alle oþer þyngez.* Gaw.645.1751.1867.1868. Ae.: *þät wäs þrealic geþoht* das war ein böser Gedanke (sc. dass sie Christum kreuzigten) El. 426.

warme water — warmes Wasser: *Wel much watz þe warme water þat waltered of yzen.* Gaw. 684. Mhd.: *warmez wazzer.* Lex. III. 693. Mgb. 6. 1; *diu wazzer rallent von den warmen pergen.* ib. 104, 13. Me.: *wepte water warm.* Jos. 617; Lan. XV. 187.

wawes wode — wilde Wogen: *wawes ful wode waltered.* Clan.142; *Thise wawghes ar so wode.* M.Town.M.433; Tri.371.

wele of þe worlde — Schätze der Welt: *al þe wele of þe worlde were in my honde.* Gaw. 1270. Ae.: *me þá mid widdres welan genáme.* Ps.72[19]; *hi dryhten ceosad ofer woruld welan.* Ph.480; Met.19[26]. Ps.72[10].As.: *thém the her gód égun, widan werold-welon.* Hêl.1349.2882; *Hwat, sie it al be thinun gebun éhtun wélono an thesaro weroldi!* Hêl. 4437. Me.: *þah ich al þes worldes weole þer wende to cecche.* Misc. II. Mor.Ode.144.ib.Prov.o.Alf.T.1.151.154: Leb.J.(Laud.108).148; Pen. o.W.397; Min.VIII.16; Ell.R.I. Merl. 212. 8: Al (Laud.622) 23; Oct. 394; *þat had ful mekill werldly wele.* Min.III.18; Ben. 592; *þe bi-swiked world and weole.* Misc.XX.L.Life.2,43; R.S.64,20.23; Ber.115.

wylde way — wilder Weg: *wylde wayez in þe worlde Wowen now rydez.* Gaw.2479. An.: *svá at allar fari þeer villar vega ...* so dass sie alle irre ihres Weges gehen. Möb. 517. Eg. 137[27]; *verda villr cega.* Egills.881.Hávam.47. Sóll.62.Me.: *Godd badd þam wildrin wai to wend.* Curs.M.V.6 80.6183.11590.4213; Lud.C.XXI.202,9.

wylde wod — wilder Wald: *þe wylde of þe wode on þe water flette.* Clan.387. Das substantivirte *wylde* (das Wild) bindet sich hier mit *wode* wie *wudu* und *wilddeor* öfters im Ae. Gaw. 1628. Ae. Mhd.Lazcf. Regel. 196. 197. Me.: *wildrin wod side.* Curs. M.V. 5734; Per.176.211. 290 etc.; Tria.1663.1669; Ell.P.II. 33, 5; Rob.H.II. 321, 10: *in woods and in wildness.* Haz.I.Hicksc.149,17.Ne.: cf.Seitz.1.p.38a.Prov.

wyles of wymmen — Ränke der Frauen: *purz wyles of wymmen be wonen to sorze.* Gaw. 2415; *Agayne þe wyles of wemen to wer is no bote.* Des.448.668; *womman wyly* (schlaues Weib) Lyd.36, 1; vgl.S.S.3069. *alle þay were bi-wyled, with wymmen* (bethört von Weibern) *þat þay vsed.* Gaw. 2425. 2426. Sus. 334.

Wlonk wedes — schöne Gewänder: *wlonkest wedes he warp on hym-seluen.* Gaw. 2025. Clan. 793. Ae.: *hwitloc onfèng wlanc under wædum, gif þäs weorces speow, fæmne fyllo.* Rä. 43[4]. Im Me. erscheint die Verbindung meist in der ae. Gestalt als Attribut eines edlen Mannes oder einer schönen Frau, nach Art folgender Formeln: *„lufsum vnder lyne"* und *„worthy in won". þat þou hast wedded to wif, wlankest in wedes!* Sus.186.26.Ant.I.9.XXVII.9.

wlonk wyzez — schöne Männer: *watz he war on þe waye of wlonk wyzez þrynne.* Clan. 606. Dem me. *wyze* stellen sich die ae. Formen *wiga* (Krieger) und *wigend* (Kämpfer) zur Seite. Aber nur das Compositum *wigsmid* (Kriegsmann) findet sich bei Grein mit *wlanc* zu-

sammengestellt: *siddan rastan hider Engle and Seaxe up becómon, ofer bráde brimu Brytene sóhton, wlance wigsmiðas.* Äthelst. 72; Môd. 14. As.: *wlanke wigandös* (stolze Krieger). Hêl.5273.
 wonder of þe worlde — Wunder der Welt: *al þe wonder of þe worlde, what he worch schulde.* Gaw. 238. Ae.: *geond þás wundorworuld wide dreogan.* Rä. 40[17]. Gú. 1090; *ar hwät is þät wundor, þät geond þás woruld fared, styrnenga gǽd.* Sal. 281; Ps. 76[11]; Dan. 111. As.: *hwand êo êr sulik ni ward wundar an weroldi.* Hêl. 4123. Mhd.: *si ist über al die werlt ein wunder.* M.u.Z.3.578b.26 u.27. Trist.12566. Nhd.: Weltwunder. Me.: *wondres of þis worlde.* Lan.B. XI.314; *Wherof a in the worldes wonder thou shalt for ever be put under.* Gow.III.81, 29.
 worldes worchyp — Ehre der Welt: *wrast out for euer of worldes worchyp.* Clan. 1802; Gaw. 1227; *only that my worldes worship hath berefte.* Gow.III.286, 19; Curs.M.V.22772.
 stronge strok — starker Schlag: *þe stronge strok of the stonde strayned his ioyntes.* Clan. 1540; *fadir and sone sall be dongen downe, with strakis strange be slayne awaye.* Erc.412; Gol.a.G.625.710; P.Fol.II.Lib.Discon.2026.Guy a.Colebr.311.
 erdez vncoupe — unbekannte Länder: *I am here [on] an erande in erdez vncoupe.* Gaw.1808.Ae.: *min sceal of lice sáwul on sidfät, nát ic sylfa hwider eardes uncýddu.* Jul. 701; *þonne ic sceol langne hám eardwic uncúð äna geséceau.* (unbekannter Wohnort). Ap. 93.

2. Verbum oder Adjektivum binden sich mit dem Adverbium oder Substantivum, welche ihre adverbiale Nebenbestimmung enthalten.

 baldly byde — kühn erwarten (widerstehen): *he baldly hym bydez, he bayst neuer þe helder.* Gaw. 376. Ae.: *þe þines sides her ful bealdlice bidad.* Ps. 68[9]. Me.: *baldly may we bide.* Curs. M. Gal. 28998; Minst. I. 19, 6; Haz. I.W. a. Ch. 249; P. Fol. I. Earles o. Chest. 311; ib.II.Lib.Discon.914.
 baþe in blod — in Blut baden: *Baþed barnes in blod & her brayn spylled.* Clan. 1248; Gaw.1361; *he lay bathand in his blude.* Lyn. III. Meldr. 1428; II. Traj. 338. Test. o. th. Pap. 209; P. Loose a. Hum. Songs.ffryar.a.Boye.273.P.Fol.II.Cheuy Ch.221.
 byde in borze — in der Burg verweilen: *Whyl I byde in yowre borze, be bayn to zow[r]e hest.* Gaw. 1092. Ae.: *þreo niht in byrgenne bidende wäs.* El. 484; Rä. 80[2]; Seef. 28; Andr. 231; B. 2529; Kr. 50; *boden äfter burgum.* El. 972. As.: *bodon fon theru burg.* Hêl. 911. 919.
 bryng to bedde — zu Bett bringen: *blyþely brozt to his bedde.* Gaw. 1990. Mnd.: *dar brachte men to bedde de suster der hertoghen to Lunenburch unde Brunswik.* Sch.u.L.I.165a. 31—37. Lüb.Chr.1, 373 ib.Götting.Stat. bei Bodemeyer. Hannov. R. A. I. 64; *Ich bin darmit to bedde brocht.* Sch. u. L. I. 165 b. 36. 37. Me.: *ha neren to brudlac & to bed ibrohte.* Jul. 7, 19; Curs. M.V. 20122; Ell. R. I. M. Arthure. 393; S.S.1492.1856; Tria.39.457; Ba. 1481; P. Fol. I. K. Arth. a. th. k. o. Cornw. 118.
 bring to blys — zur Seligkeit führen: *bring þis burne wyth blys in-to halle.* Gaw. 625; *hatz me broz[t]þys blys ner.* Pea. 286. 853. Gaw.1519; *Ile bryng vus to his blysse.* Gaw.2530. Ae.: *þu gebrohtest hie on blisse.* Ps.88[35]; *þät bearn bringed blisse þe.* Cr.6. Me.: *to þare blisse bringe vs god.* Misc. Mor. Ode. 385 ib. XXI. Oris.o.o. Lad. 6. ib.XXV.

A.lut.s. Serm. 99. 100; L. H. R. App. II. 10; Leb. J. (Laud. 108). 359;
Des. 14044; Lan.A.XII.112; Spec.XXX.89, 16 etc.; Min.III.114; Med.
387. 770; S. S. 3452; Ell. R. II. Otuel. 368, 3.4; Curs. M. V. 20014.
20166 etc; L.d.Fr.16 .Merch.272; Ant.XVII.13 etc.; Lud.C.VII.65, 24.
67, 13 etc.; Au.71, 3.75, 21; Lyd. 224, 23 etc.; Bar.L.XVIII.770 etc.;
Ell. P. 40, 6; Tria. 1717: S. a. C. 14, 20 etc.; O. Myl. 681; Ben. 1161;
Lenten....that al this blisse bryngeth. Spec. XIII. 43, 11 etc.; O. a. N.
710 etc.; R. S. 65, 8.

of a burde borne — vom Weibe geboren: *of a burde watz
borne, oure baret to quelle*. Gaw. 752. Aehnlich im Ae.: *bearn of bryde
purh gebyrd cumen*. Gen. 2196.

dare for drede — zittern vor Furcht: *al dares for drede,
with-oute dynt schewed!* Gaw.315.2258; *Now er þai darand all for drede*.
Min. 1. 39; *daryth ther* (versteckt sich) *for drede*. Tria. 321. cf. Rel.A.
Best.406.Nic.799.

deme to depe — zum Tode verurtheilen: Unser Dichter
wendet diese Formel nur in ähnlicher Gestalt an: *þe dom is þe depe
þat drepez rus alle;* ebenso im Ae.: *wyrce se þe mote dômes ær deade*.
B.1388.441; *after deadlage dômes bidad*. Gn.C.60; Gû.945. und so wie
oben: *fynd sindon eowere gedêmed tô deade and ye dôm agon, tir üt
tohtan*. Jud. 196. 87; Gû. 521; El. 500. An.: *dæma einum dauda* (Jem.
zum Tode verurtheilen) Möb. 61. 193[17]. Me.: *to eche ded idemed*. Jul.
14, 4. 24, 6; Des. 5106. 12031; Lan. B. III. 305; Misc. Mor. Ode. 106.
115; Spec. VIII. 34, 17; Curs. M. F. 18299; *man was demyd to ded*.
S.A.L.a.Beil.II.B.402; Bar.L. XXI.867. XXVI.408; *demed þe juges to
dyȝing*. S.A.L.b.3, 247; H.H.56; S.A.L.Beil.I.99; S.S.345; Tria.860.
Später verdrängt das romanische *damnen* das germanische Wort *demen*
in der Formel: *dampned & deed*. Curs. M. T. 14515; *dampned him to þe
ded*. ib. V. 354; P. Fol. II. Ad. Bell. 193 etc.

diȝten to depe — zum Tode verurtheilen: *diȝten dekenes
to depe & dungen doun clerkkes*. Clan. 1266. Mhd.: *einem den tôt tihten*
(ihn zum Tode verurtheilen) Lex. 2, 1437. Karl. 12126. Me.: 1) *depe* ist
als direktes Objekt von *diȝten* abhängig, wie im Mhd.: *dylful dethe hase
me dyȝte* (bereitet).Ant.XII.12.XIII.4.XIV.1; *Thi deth is dyht*. Lud.C.
III. 37, 29. IV. 45, 13 etc.; P. S. 246, 3. 2) Verbum und Substant. sind
wie in der Clan. verbunden: *with gile to deþ he him diht*. Tri. 208;
S.A.L.b. II. 1. b. 300; Spec. VI. 30, 5; Sus. 267. 246; E. T. 492. 510;
Curs. M. F. 16730; Des. 14005; *How paire maister to ded was dight*.
L.H.R.VII.144; M.Townl.M. 554. Bar. L. XVII. 159. XXXIX. 92 etc.;
Gol.a.G.600.732. 3) Verbum mit Verbum alliterierend verbunden: *Why
ne diȝttez þou me to diȝe, I dure to longe?* Pat. 488.

do to depe — den Tod bringen (tödten): So vielverbreitet die
Wendung sonst in der me. Poesie ist, bei unserm Dichter findet sich nur
in einer Stelle ein Anklang daran: *for hit dedeþ of depe duren þere ȝet*.
(Thaten des Todes). Clan.1021. Ae.: *ealle þa ge tô deadan dædun sôna*.
Ps. 61[3]. 58[10]. Mhd.: *einem den tôt tuon*. Lex. 2, 1470. Amis. L. 2295;
ebenso M.u.Z. 3. 64a, 21—25. Heinr. 1216. Gregor. 2635. Parz. 198, 6.
585, 29. Nib. 22351. Flore. 2422. u. s. w. Me.: *ȝef ȝe me dod to deade
hit bid me deorewurde*. Jul. 18, 16; S. Jul. 4; S.A.L.a.Beil. II. A.592;
Misc.Pass.o.o.Lord.412.687.ib.App.II.Pains.o.Hell.276; S.A.L.b.II.
6, 412; Leb. J. 603; L. H. R. II. 186. 254 etc. IV. 187. VIII. 362; *was
imartred and don to ded*. S. A. L. b. I. 7. 292; S. S. 2758; Gen. 1487;
Bek.417; Curs.M.V.9006.10792; Bar.L.XIX.624 etc.; Tria.206.

dynge doun — niederschlagen: *diȝten dekenes to depe,
dungen doun clerkkes*. Clan.1266. *dungen down all in a daunce*. Min.VII.

74; Lau. B. N. 330; Erc. 411. ib. 523. 635 etc.; Bar.L. II. 512; Bar.B. IX. 473. XVII. 376 etc.; Lud.C.161, 7.XVIII.183, 22; Bes.41, 30; Lyn. III.Meldr.532.664.658 etc.; P.Fol.II.Lib.Discon.48.

fare forth — vorwärts fahren, weiter ziehen. „*Fare forthe*", *quod þe frekeʒ*, „*đ· fech as þou seggeʒ*". Clan.621.1683.929. Ae., As., Afrs. cf. Regel. p. 223. 224. Me.: *Heo schulle fare forþ myd him.* Misc.II.Mor.Ode.178. 338 etc.; Tri. 191; Curs. M. F. 5992; Am. a. A. 1718; Erc.416.520; Av.XLIII.16.XLV.8 etc.; Oct.411; Bar.L.IV.100. XVIII.1142.etc.; Trin.804; Gol.a.G.109.745. — Das schwache Verbum geht dieselbe Bindung ein: *þat fryth, þer fortune forth me fereʒ.* Pea. 98, 8; Min.IV.19; Curs.M.V.12002; Av.L.16.LXIV.16 etc.

fare ouer þe ford — über die Furt fahren: *fareʒ ouer þe fordeʒ by þe forlondeʒ.* Gaw. 699. Ae.: *ofer þone ford faran.* By. 88.

fast fare — schnell gehen: *fast aboute schal I fare your fette wer waschene.* Clan. 618; *Vntill his fader fast gan he fare.* L. H. R.III. 319; Min.IV.17; Ell.R.II.Rich.C.d.Lion.245, 2.

fer flete — weit entfernen: *fer floten fro his frendeʒ fremedly he rydeʒ.* Gaw.714.Ae.: *nô he wiht fram me flódýdum feor fleotan meahte.* B. 542.

fer fro frendeʒ — entfernt von Freunden: *fer floten fro his frendeʒ fremedly he rydeʒ.* Gaw.714. Ae.: *feor þu me dydest freondas cúde.*

fer ouer þe flod — fern über die Fluth: *fer ouer þe French flod.* Gaw. 13; Pat. 126. *he come fra ferre out oure þe fludys bare.* Bar. T. 360.

fyʒt in felde — fechten im Felde: *in felde þer felle men fyʒt.* Gaw.874; *Tristrem met Vrgan in þat feld to fiʒt.* Tri.2323; Curs. M.V.7270; Ael. 803; Gol.a.G. 570. 961; *so fell a fighter in a field was there never y-found.* Haz. W. a. Ch. 252, 3; P. Fol. I. FFlod. FFeilde. 123 u. s. w.

fle for ferde — fliehen vor Furcht: *founded for ferde for to fle.* Gaw. 2130. 2272; *ferde* würde einem ae. *geværde* entsprechen, *fere* steht das ae. *fær* gegenüber; beide Formen stellen sich zur Alliteration mit *fle* zusammen: *for ferde he to fle be-gan.* Curs.M.F. 5815. Min. IV. 2793; Jos.18; *fledden for fere.* Lan.A.II.409. B.II.209.233; Des.10992; P.Fol.I.Scot.FFeilde.151.362.

frendeʒ in fere — Freunde in Gemeinschaft: *frendeʒ fellen in fere & fathmed togeder.* Clan.399. Die collective Bedeutung des Wortes *fere* existirte im Ae. nicht; *geféra* „der Genosse" ging nur die sehr nahe liegende copulative Verbindung mit *freond* ein: *ongan þá winas manian, frýnd and geféran* (Freunde und Gefährten). By.229. Ebenso auch noch im Me.: *He has it wroght als frend and fere.* Curs. M.V. 559. Als nächste Entwicklungsstufe muss folgende Gestalt gelten: *Man what hast þou do for me to be my frendly fere.* L. H. R. App. I. Disput.303; *send unto his frendes alle. and whan they were come in fere.* Gow.I.75, 14 u. 15.

fowle on flyʒt — Vogel im Fluge: *Uche fowle to þe flyʒt þat fypereʒ myʒt serue.* Clan. 530. Ae.: *se fugel fared flyhte on lyfte.* Ph. 123. 340; *þäs fugles flyht.* Cri. 639; B. 1765; Sal. 226. Me.: *to defende vs with a fowle in flyʒt.* L.H.R. App. Fest.o.th.Ch.325; Curs. M.V. 621. 679. 21276 etc; Horn. 1424; Oct. 349; Lan. XV. 172; Lud. C. Prol. 2, 14.

gered with golde — mit Gold verziert (bedeckt): *þe gay coroun of golde gered on lofte.* Clan. 1444. 1344. Gaw. 1832. Diese Wendung war besonders im Ae. volksthümlich: *beadohrægl golde gegyrwed.* B. 553. 1028; Kr. 16; B. 2192. *golde gegerede and gimcynnum.* Met.25⁶;

Kr. 77. 16; *golde yearwade gim hwearfade*. Reiml. 36; As.: *garu mid goldu*. Hêl. 3331. Me.: Auch das Subst. *gere* ae. *gearwe* bindet sich alliterierend: *his sadle harnesse full fayre to behold, with other more of his golden geere*. P.Fol.I.Eg.a.Grine.1301.428.1131; P.Fol.II.Grene Kn.278.

glade with gomnez — erfreuen mit Scherzen: *to glade sir Gawayn with gomnez in halle pat nyzt*. Gaw. 989; *walz Gawan ful glad & gomenly he lazed*. ib. 1079. *glade* = Ae. *gladian* An. *glada, gledja. gamen* = Ae. *gamen, gomen*. An. *gaman*. An.: *gledi ok gamanrœdur*. (frohes, unterhaltendes Zwiegespräch). Möb. 143. Fs. 72⁶. Me.: *These thy names they shall be, all game and glee, and gladnes*. Haz.W.a.Ch.247, 16. Freilich die eigentlich volksthümliche Phrase des Me. ist *gamen & gleo*.

god in his greme — Gott in seinem Zorne: *þe grete god in his greme bygynnez ontofte*. Clan. 947. An.: *goda gremi* (Zorn der Götter). Egills.269.Eg.57; ib. Isl.II.382. *hann skal hafa goda gremi ok gridnidings nafn*. Möb. 150. Fs. 54⁷. Eg. 126³². ib. 283²⁶. Me.: *þe king was radd for godds gram*. Curs.M.V.2423.4331.23130.G.21977; Bod.a. S.71; Reyn.F.p.LXXVI.3.

gold rpon grounde — Gold in der Erde: *for alle þe golde rpon grounde I nolde go wyth þe*. Gaw. 2150. Ae.: *geseah gold glitinian grunde getenge*. B. 2758. Vgl. die ähnliche Wendung: *godgimmas grunde getenge* (tief unten in der Erde). El. 1114.

grauen of golde — in Gold geschnitten (graviert): *þe gobelotes of golde grauen aboute*. Clan. 1475. Freilich im Ae. nur in anderm Sinne: *se þas wongstedes grôf äfter golde* (grub nach Gold) and *äfter gimcynnum*. Met. 8⁵⁷; jedoch im Mhd. genau so wie im Me.: *ein rouchvaz von golde ergraben*. (künstlich geschnitten, graviert in Gold). M.u.Z.1.561b.13 u.14. Wigal.8295. Me.: *igrauen of golde*. Horn.1186; Des.4341.8757; Rich.R.I.40; Lan.B.IV.130.XV.507.

grete with gomen — mit Scherz entgegenkommen, begrüssen: *al with gomen he hym gret & goudly he sayde*. Gaw.1933.ae. *grêtan* bedeutet zunächst „zu Jem. gehen", dann „besuchen", „sich nähern", „berühren", „anreden", „begrüssen". Die Wortstämme treten auch im Ae. in alliterierende Verbindung: *wäs gomenwudu* (lignum laetitiae) *grêted* (die Harfe wurde berührt, gespielt). B. 1065. 2108. Wie weit entfernt die Bedeutungen der ae. u. me. Wendungen auch von einander liegen mögen, so kann doch die lebendige Kraft der ae. Phrase bis in die Mitte des 14. Jahrhunderts gewirkt haben. Me.: *Lord, þou graunt me mi bon, Y schal grete þe wiþ game*. L.d.Fr.213.

growe grene — grün werden: *as growe grene as þe gres*. Gaw. 235. Me.: *þer was erbes growen grene*. S.A.L.b.II. 9, 177; L.H.R. III. 480; Sus. 67. 87; O.Myl.521; Bar.T.1, 270; Lyn.II.Dreme.762; P. Fol. III. Will Stew. & John 2. cf. Seitz. I. 30a.

zark zare — fertig ausrüsten (bereiten): Im Gaw. nur in loser Bindung: *he zelde hit zow zare, þat zarkkez al menskez*. Gaw.2410; *The hunter and the howundus-squayn zarked hom zare*. Av. V. 12; Ell. P. I. 267, 4.

zelde azayn — wiedergeben: *ho hym zeldez azayn, ful zerne*. Gaw. 1478. 1981. 2325. *we wollez zelden azein to is men: þat we heom habbez binome*. S.A.L.b.II.3a.295; Lan.A.V.236.VII.43.

zelde zare — bereit wiedergeben: *he zelde hit zow zare, þat zarkkez al menskez*. Gaw. 2410. *þus he zeldes him zare al for his welfare*. S.A.L.b.II.9, 272.

zelde zerne — bereitwillig wiedergeben: *ho hym zeldez azayn, ful zerne of hir wordez*. Gaw. 1478. 498. Ae.: *he him dæda lean georne gielded.* Gů. 95; **As.**: *gerno geldan.* Hél. 3220. **Mhd.**: *er giltet gerne.* M.u.Z.1,519b.lw.262.

ʒelde ʒeply — bereitwillig (schnell) wiedergeben: *þay ʒelden hym aʒayſn] ʒeply þat ilk.* Gaw.1981. *þus to ere god he him kneuʒ and ʒeply him ʒolde.* S.A.L.b.II.9,319.

ʒelle ʒomerly — jämmerlich schreien: *ful ʒomerly ʒaule & ʒelle.* Gaw. 1453; Clan. 971. **Ae.**: *gilled geomorlice and his gyrn seſad.* Sal. 267. **Me.**: *ʒauland ful ʒamerly with mony loude ʒelles.* Ant.VII. 8; Lyn.II.Mon.6002.

ʒonge of ʒeres — jung an Jahren: *in ʒonge ʒer,* (jungen Jahren) *for he ʒerned ʒelpyng to here.* Gaw. 492. **Ae.**: *swá ʒe fugol weorded gomel æfter geárum geong ednice flæsce bifongen.* Ph. 258. **Me.**: *ʒunge mon of ʒereʒ.* Jul. 5, 15. Rich. I. 89.

halde in honde — in der Hand halten: *his hede by þe here in his honde haldeʒ.* Gaw. 436; ib. 2291. *men suld him mensk and hald in hand.* Curs. M.V. 2432; Bok. XI. 554; S. S. 2474; Am. LXXII. 12; Lud. C. XXXV. 342, 20. **Ne.**: *Who can hold what they have not in their hands?* Seitz.I.31.a.Prov.ib.41 a.Prov.Phr.

hate as helle — wie die Hölle hassen: *alle illeʒ he hates as helle þat stynkkeʒ.* Clan.577. *the hatred of helle beo heore!* P.S.157, 19.

heuen hiʒly — hoch erheben: *hiʒly heuened þi hele fro hem þat arn combred.* Clan. 920; Gaw. 349; *he watʒ hyʒe in þe heuen houen vpon lofte.* Clan. 206. 413; Gaw. 1587. 120. **Ae.**: *ne áhebbad ge tó hea orre hygeþancas.* Ps.74⁵; *þät áhafen wæren healice up sunne and móna.* Cri. 693; Ps.107⁴.Mhd.: *si huoben ir singen nider unde hó.* M.u.Z.1.696.b. MS. 1, 20 a. 38 b. ib. glaube 2546; besonders ist die Redensart: *ein dinc hebet hô, unhô* (etwas dünkt gewichtig, ungewichtig, man macht sich viel, wenig daraus) beliebt. Lex. I. 1199. Roth; Lieht. 74. **Me.**: *here his hede on high.* Gow. II. 140, 7.

heyre hyʒly — hoch ehren, preisen: *heyred hem as hyʒly as heuen wer þayres.* Clan. 1527. **Ae.**: *þec ealle æsprynge, ece dryhten, heanne hérgen.* Az. 135; *þät hi lof godes hérgan on heahdu.* Dôm. 48. **Mhd.**: *dem þalas der hôch and wol gehéret was.* M.u.Z.1.669.b.36 u.37. Parz. 182. 12. Die entsprechenden Verba binden sich zu einer Parallelformel: *got hát gehoehet und gehéret reine frouwen.* M. u. Z. 1. 669. b. 24 u. 25. Walth. 27, 30. ib. 5, 13.

hyʒe in heuen — hoch im Himmel: *he þat hyʒe is in heuen his aungeles þat weldes.* Clan. 1664. 352. 2442. 2057. Gott ist der hohe Himmelskönig *þe hyʒe heuen kyng.* Pat. 257, ebenso im Ae.: *heofona heahcyning.* Gen. 2165. 50; Hy. 8⁴²; *heofoncyninga hýhst.* Dôm. 108. Im Uebrigen für das Vorkommen der Formel im An., Ás., Ahd., Mhd. u. Laʒ. cf. Regel. p. 219. 220. **Me.**: 1) *hyʒe* ist mit *heuen* adverbialisch gebunden: *mid god in heuene an heiʒ.* S.A.L.a.II.525; L.II.R.II.78.421. IV. 29; S.A.L.b.II. 2a. 524. 3a. 585; Curs. M. 18989; Lan. C.VI. 187; Leb. J. 163. 572; Bok. XIII. 987; Lud. C. XXXII. 324, 6; Ben. 933. 2) *heuen* mit *hyʒe*: *heye in heouene þer he sit.* Misc. X. A Luue R.208; Curs. M.V. 18810. ib. Gal. 25103; Ben. 2556; Haz. Everym. 142, 18. 3) attributiv: *þe heste heouene.* Jul. 63, 17; Spec. 34, 9; S.A.L.b.II.b. 545; Ps.CII. 23, 13; Rat.R.1374; Curs.M.V.18749; Haz.Hicksc. 187, 9 u. s. w. **Ne.**: cf. Seitz. II. p. 18 b.

herber in house — im Hause Herberge nehmen (wohnen): *he herbered in house & ofte al þeroute.* Gaw. 2481. Die in andern germanischen Sprachen volksthümliche Bindung ist im Ae. nicht nachweisbar. Erst in me. Zeit scheint sich sowohl das Subst. *hereberge* als auch das Zeitwort *herbergen* eingebürgert zu haben. Kluge nimmt für das Englische wie auch für das an. *herbergi* deutsche Entlehnung an.

Am üblichsten ist im Me. die Zusammenstellung des Zeitworts mit dem Subst., so wie es auch im Deutschen gerne geschieht. Mnd.: *so herberghede* (suchte Herberge) *he to enes mannes huss in ener nacht, de do dede al syne selschop.* Sch.u.L.II. 244a. 18. 19. Densoke Kron. f. J. 4b. Me.: *herbereice in pine house.* Al. (Laud. 622) 663; Ben. 1998. Jedoch lässt sich bei Barbour eine Stelle belegen *dyssolate of howse & herbry.* Bar.L. XVI. 314. 346, die der an. Parallelformel: *hûs ok herbergi* (Haus und Wohnstätte) Möb. 179. SE. 12¹³. so ähnlich ist, dass sich hier skandinavischer Einfluss wohl kaum leugnen lässt. Also wäre das Wort aus dem Deutschen über das Altnordische ins Englische gedrungen. Für das Afrs.cf.Heyne.

hyʒ hom — nach Hause eilen: *I schal hyʒ me hom aʒayn.* Gaw. 2121; Clan. 1762. *hom he hied un to his toure.* S.A.L.a. Beil. II. B.933; Curs.M.F.4809; *hied hamward gode spede.* Av. XXXI. 14; Min. IV.89; Bok.II.546; Theo.II.179; Stratm.p.247b.Iw.1836; Gow.I.187, 4; Perc.Loose a.Hum.S.ffryar a.Boye.134 ; *goth home in a alle hie.* Gow.II.9, 9.

hyʒ in haste — hastig eilen: *Hapeles hyʒed in haste with ores ful longe.* Pat.217. *all highid in haste houyt no lengur.* Des.3581.6506. 7253.7784.13872; S.S.1553; Lud. C. II. 31, 8; P. Fol. II. Triam. 1551; *high we rs hastily.* Des. 6837.

hunt at hyndeʒ — nach Hindinnen jagen: *to hunt in holteʒ & hepe, at hyndeʒ barayne.* Gaw. 1320. Laʒ. cf. Regel. p. 189. *huntyng aftur an hynde.* Tria. 423.

hunt in holteʒ — in Wäldern jagen: *to hunt in holteʒ & hepe, at hyndeʒ barayne.* Gaw. 1320. 1677. 1697. *hunt in the holtes & hent of þe dere.* Des.13520; Am.a.A.507; Ant.LV.8.LV.9.

hurle on a hepe — auf einen Haufen werfen: *hurled on a hepe þe helme & þe sterne.* Pat. 149. *hurlet hom on hepis, hurt of hor knightis.* Des. 6743. 7239.11048; P.444; P.Fol.III.Death.a.Liffe.413.

couply knowe — genau (vertraut) kennen: *couply hym knoweʒ & calleʒ hym his nome.* Gaw.937; ebenso im Ae.: *þat he eadmêdum ellorfûsne oncnâwe cúdlîce.* An. 322. Häufiger bindet sich das zugehörige Adj. mit dem Verbum *knowe*: *Januencis legend, wych ys kouth & knowe* (bekannt und erkannt). Bok.XIII.1070; Lan.B.XIII.311; Av.XLVII.13; *of ani man rnknauen or cuth.* Curs.M.G.12131.

laʒe loude — laut lachen: *he laʒes so loude, þat þe lorde greued.* Gaw. 316. 909. 2514. 69. Ae., Mhd., Laʒ., Orm. cf. Regel. p. 225. Me.: *lauhynge-a-loude.* Lan.C.VII.23.XXIII. 143; Lyd. 168, 23; *A lowde loughter laughed hee.* Bes. 57, 14; Tria. 1558; Kin. 256, 14; P. Fol. II. K. Estmere 235.

laste longe — lange dauern: *lorde lach out my lyf, hit lastes to longe.* Pat. 425; *Euer laste þy lyf in lenþe of dayes.* Clan.1594. Ae., Laʒ. cf.Regel.p.224.225.Me.: *last his lure no lenger more.* O.a.N.516. Spec. 90, 6; Tri. 29; Des. 11862. Lan. XIII. 220; Gow. I. 300, 10. II. 49, 15; Curs.M.G.2084.V.13377; L.d.Fr.121; M.Pr.C.213; Bar.B.II. 385; Cristm. C. 22. 24; Coll. of Prov. 72, 6.

lend in lond — in einem Lande wohnen, *lend of londe* aus einem Lande kommen: *Of what londe art þou lent, what laytes þou here.* Pat.201; *Syn ʒe be lorde of þe ʒonde[r]londe, per I haf lent inne.* Gaw.2440. An.: *komto i land, ok lendir Adalrádi.* Egilss.510.O.II.12,2. F.IV.50. XI.185.— ib.5.1. Sigurd: in der Bedeutung „adpellere navem ad terram". Mhd.: *die het us got ze tiuschen landen gelendit* (kommen lassen, gelandet). Lex. I. 1878. Mart. 285. 102. Me.: *I what lond he was lent* (sesshaft) *& if he lyue hade.* Des.13857; Ell. P. I. 269, 3. 271, 15; Gol. a. G. 152; Minst. II. 275, 1; L. d. Fr. 36; Auch transitiv kommt das Verbum vor: *þat land to leind* (bewohnen) *in loth thoght best.* Curs.M.V.2473.

leng in londe — in einem Land wohnen: *þou may leng in þy londe & layt no fyrre.* Gaw. 411. Die ursprüngliche Bedeutung von *leng* war „verlängern", „sich verlängern", „verbreiten", wie sie uns in folgender ae. Stelle begegnet: *hyre lof lengde geond londa fela,* (ihr Lob verbreitete sich über viele Länder). Wid. 99. Me.: *leng in þat lond to hir lyues end.* Des. 9284. 9756; Jos. 425.

lepe lyʒtly — leicht springen (behende laufen): *A lodesmon lyʒtly lep vnder hachches.* Pat.179; Gaw.292.328.1131. *lepyn on lightly, launched on hor way.* Des. 5139. 8530; Rich. R. III.136; Lan.B.V.578. A.VI.59: Ant.Ll.; Lan.A.I.169; Rob. II. II. 52, 8. 192, 17.

lette long — lange verzögern, aufhalten: *I wyl no lenger on lyte lette þin ernde.* Gaw. 2303. Mnd.: Sie letteden (hielten hin) *ene can der enen tyt to der anderen so lange, dat des Hollenmanne rordroot.* Sch.u.L.II.674 b.21—24. Brem. G.Q.101: *unde beeden ze, dat wi nicht lengher lettet worden.* ib.28.29.Hans.Rec.2.p.215.

lyue in likyng — in Wohlgefallen leben. Dies scheint die volksthümlichste Gestalt der Wendung zu sein; freilich giebt es viele Variationen und auch unser Dichter fässt die Formel anders: *His lif liked him* (gefiel ihm) *lyʒt, he louied þe lasse Auþer to lenge lye, or to longe sitte.* Gaw. 87. 88. *in likyng his life gun lede.* S. A. L. a. Beil. II. B. 210. 36. 328; L. II. R. IV. 8; Spec. 23, 12. *lede-lyf to his lykyng.* Ben. 90; Lyn. III. Meldr. 970. Auch ohne Präposition asyndetisch zusammengestellt: *thou art, lyf, lykyng, and list.* Par.App.II.54,4; *I have forlorn my rents. my riches my life, my liking* (mein Leben, meine Freude, mein Liebstes).Haz.W.a.Ch.269,5; P.Fol.III.Maudline.198; S.A.L.b. 6, 1772: Curs. M. V. 26988; *he has within his hons as for the liking of his life* (zur Freude, zur Verschönerung seines Lebens) *the faire Venus to his wife.* Gow. II. 149.5: *liken wel his lif.* An. 4, 27. Ne.: *Life lieth not in liring but in liking.* Seitz.I.p.32.b.Prov.

lyue longe — lange leben: *Euer laste þy lyf in lenþe of dayes.* Clan. 1594. Ae., An.. As., Afrs., Laʒ. cf. Regel. p. 226. *lengthynge of here lyf.* Lan.C. XVIII. 124; *He lenketh s life and saves from dead.* Ell. P. I. 274, 10: Lan. C. XVIII. 300; *I ne may libbe longe.* L.H.R. II.43. III. 333. 342; R. S. 64, 8. 65. 3; Prov. Alfr. T. 1.162; Lan.C.XII.180; Curs.M.V.991; Bar.L.XXVIII.624; Bar.T.F.II.Ms.Douce.1145; Ell.P.II. 154, 8; Curs. M.V. 2173. Ne.: cf. Prov. Seitz.I.p.33a.Prov.Phr.p.42a.

loute loʒe — sich tief verbeugen: *loʒe he loutez hem to, loth, to þe grounde.* Clan.798: Gaw. 2236; *þe bare made þam ful law to lout.* Min.VII.97.IX.65; Haz.W.a.Ch. 255, 3; Minst.II.270, 2; Rob.H. II.346, 2; P.Fol.II.Lib.Discon.1243; ib.III.Death.a.Liffe.179.352.

loue on lofte — preisen zum Himmel: *þer was louyng on lofte, when þay þe londe wonnen.* Pat. 237; weiter entfernt: *I louue þat ilk lorde þat þe lyfte haldeʒ.* Gaw.1256. Ebenso im Ae.: *þec, frea mihtig, forstas and snawas, winterbiter weder and wolcenfaru lofige on lyfte!* Dan. 380.

luflych loke — lieblich blicken, anschauen: *wyth a luflych loke* (Blick) *ho layde hym þyse wordeʒ.* Gaw.1480; *wyth mony luflych loupe, þat louked ful clene.* Gaw. 792. vgl. Clan. 401. *louelokest to loken on.* (sehr lieblich anzuschauen). Lan.B.XIII.293; Bes.67, 11.

lufsum vnder lyne — lieblich unter Linnen (im Kleiderschmuck). Der Ausdruck dient als Attribut schöner Frauen wie *under shield* von Männern. cf. Furnivall in P. Fol. I. p. 362. Anm. 2. *Quod þat lufsum vnder lyne.* Gaw. 1814. *þai ben birddes of godes sond, Loueliche to leggen vnder line.* L. d. Fr. 191: *the Ladye Loue-some vnde[r] line.* P. Fol. I. Eg. a. Grinoald of An. gekhon und lini sie ging unter Linnen (im Hochzeitschleier).

make myry, make merþe — lustig sein, lustig leben: *made myry alday til þe mone rysed.* Gaw. 1313. 1953. 1885. 2468. 1681; *much mirthe he mas with alle.* Gaw.106.982.899; Pea 1149.140. Reflexiv: *þai solde both nyght & day make him mery all þat þai may.* S.A.L.a. Beil.II.B.70; S.A.L.a.III.86; S. A. L. b. l. 2, 546; Lan. B. XX. 286. Bar.B.III.469; Lud.C.VIII.77, 6. Ohne reflexives Pronomen: *maden all mery menyt þere speche.* Des. 2560; Lan.A.VII.62, 146 etc.; Lyd.39, 13; Gow. 1. 134, 14; Gowth.665; Bar.L.XLIII.25.26.353; Bar. B. III. 190. X.390 etc.; Ell.R.II.Ferumbr.403, 1; Ben.1358; Gol.a. G. 771; Haz. I. Everym. 113, 7.ib.W.a.Ch. 260, 18. ib. Thers. 422, 7 etc.; P. Fol. III. Bes. 544. 564 etc.; Pas. o. Pl. 156, 12; S. a. C. 21, 1. 24, 16 etc.; Crist. C. 6, 11. — *bi fore his mawmettes to make mirth in honore of þat childes birth.* S.A.L.a. Beil.II.B.25.242; Prov. Alfr. T. 1. 567. 568; L. H. R. App.I.Fest.o.th.Ch.159; S.A.L.b.II.1.b.60; Lan.A.Prol. 33. B.XIII. 60; Min.IV.81; Bok.1. 120; Lyd. 41. 19; Har. o. B. 5, 11; S. S. 1169. 2157; Ben.186; Gow. I. 45, 8. 21. 127, 13; Am. LV. 9; Bar.L.XII. 85. XXXVI. 57 etc.; Bar. B. XIV. 328. u. s. w.; Lud. C. III. 39, 5. XVIII. 174, 6 etc.

mele with muthe — mit dem Munde sprechen: *meled þus much with his muthe, as ȝe may here.* Gaw. 447. mc. *mele* = ae. *mǽlan.* an. *mæla.* ahd. *mahalon.* as. *mahlian.* Im Ae. findet sich sich nicht die entsprechende alliterierende Verbindung An.: *feigum munni mǽlta ek.* Vaftbrud. 55. As.: *só thu selbo sprekis, mahlis mid thínu múdu.* Hêl. 3251. 165. 818. Die Lebendigkeit der Formel im Ae. wird aber dadurch bewiesen, dass ähnliche Zeitwörter für denselben Begriff und desselben Stammes mit *múd* alliterieren, so z. B. ae. *madelian, medlan.* me. *medle: worda æniȝ þe ic þurh minne múd medlan onginne.* An.1442; und *melden.* ae. *meldian.* as. *meldon: þár is helle grund sárlic sídfát, þam þe sibbe tó oft tómælded mid his múde.* Dôm. 26; ebenso As.: *meldôd* (verrathen, angezeigt) *mid is múdu.* Hêl. 1755. Me.: *þat fule folk na muth may mele.* Curs.M.V.22333.27985.22746.25038; Gol.a.G.354.

mynne on þe mon — des Mannes gedenken: *I may mynne on þe mon, my mournyng to lassen.* Gaw. 1800. Erik Brate hält *mynne* für ein an. Lehnwort aus isl. *minna.* Aus ae. *mynian*, das sich jedoch auch mit *man* bindet, wurde me. *munien.* Ae.: *hwǽt is se man, þe þu swá miclum âmanst?* (quod memor es eius). An.: *á eitt huglan mann vil ek minna erinda minna.* Möb. 300. Fs. 259[20]. vgl. Mhd.: *daz si minnen wolte deheines mannes lip.* Nib.1160, 2. vgl. 1175, 1.1194, 1.1201, 8.18. 3. Me.: *Quar es þe rote of iuels all, þar lest o godd men makes min þat es, tun o babilon wit-in.* Curs.M.V.22095.

neȝe to naht — sich der Nacht nähern: *Hit watȝ neȝ at þe niyȝt neȝed þe tyme.* Gaw. 929; *quen hit neȝed to naht nappe hym bihoued.* Pat. 465. Mhd.: *der tac der hêt nu ende und náhet in diu naht.* M. u. Z. II. 1. 294a. 21. 22. Nib. Z.278, 1. ib. b.39—41. Gudr.1273, 1. Me.: *hyt was ny nyȝt.* Med. 948; M. Al. 2488; *newer neghes nede ne night.* Curs.M.V.1009; Med.886; *Hit neght to þe night & þe none past.* Des.672.1075.9595.7808.

nikke naye — verneinen, abwinken: *al nykked hym with nay.* Gaw. 706; *he nikked hym naye, he nolde bi no wayes.* Gaw. 2471; *ever at neode y nycke nay.* Spec. VIII. 32, 23; Curs. M. V. 3917. 6604. 23816; *I nikke hem with nai, hit helpeþ me nouȝt.* Sus. 148; Curs. M. 4382.16376.19773 etc.; Am. a. A. 2188; P. Fol. 1. Scot. FFcilde 53. ib. II. Th. grene knight 489. K. Estmere 47.

rede ryȝt — recht rathen: *if þou redes hit by ryȝt & hit to resoun brynges.* Clan. 1633; *if þou redeȝ hym ryȝt, redly I trowe.* Gaw. 373; Clan. 1346. Ae.: *he pone máddum byred, þone þe þu mid rihte rædan sccoldest.* B. 2056. Oefters bindet sich das Subst. *ræd: sindon þine (godes) willan in woruld-spédum rihte mid ræde.* Az. 11; *þæt þu me on rihtes ræd gecwycige.* Ps. 118⁴⁰. 66⁴. 79¹⁴. 93¹⁴. 118¹³⁷. cf. Hofm.p.66. Mhd.: *in rætet rehte der küene spilman.* M.u.Z.2.1.561a.35.36. Nib.Z. 2785³.ib.563b.20.21.Walth.69, 8. ib. 613.b.18. Iw. 220.ib.563a.22.23; kulmer recht. 5, 60. ib.612b. Süchenw. 22, 93. Me.: *he can rede þe arizt.* Flor. a. B. 546: Spec. V. 26, 23. X. 37, 20. VII. 30, 4; Tri. 1258. 510; *riht me & read me* (lenke mich und rathe mir). Jul. 31, 18; *moises rightwis o red.* Curs.M.V.6937; Ant. IX.9. II.3; Per. 16.17.1248.1464; P.Fol.I.Merline.16.

rende on rode — am Kreuze zerreissen: *On rode rwly torent with rybaudes mony.* Pat. 96; Pea. 806. *ruly on rode be rent and torn.* Lud.C. VII.67, 14. XXXVIII.372, 22. ib. XLII.404, 3. XXI.200, 22; Lyn.IV.Est.94.II.Test.o.Pap.318.

renne on a res — im Laufe, (Sturme) rennen: *ran þay in on a res on rowtes ful grete.* Clan. 1782; *Lyk flodeʒ fele laden, runnen on resse.* Pea.874; *racheʒ þat ran on race.* Gaw.1420. *þei made her hors rennen in rees.* L.H.R.App.I. Fest.o.th.Ch.240; Curs.M.V.7166; Bar. L.XXIX. 980; *rinnes nu wit ras sa yern.* Curs. M.V. 23588; Ell. P. II. 91, 14. Ne.: *The race is got by running.* Seitz.Prov.I.p.35.a.

renne radly — schnell laufen: *ros radly & ran.* Clan. 797; Pat.378. *He ros full radly & ran to þe kyng.* Des. 2698; *Toward Rome he radly ranne.* Gowth. 256. 597; Haz. I.W. a. Ch. 243, 10; *Thay richt rudelie at rther ran.* Lyn. III. Meldr. 526. 648. V. Answer. 56; Rob.H. II.240, 23.

ryse radly — sich schnell erheben: *þay ros radly as þay rayke schulde.* Clan. 671. 797; Pat. 65. 89. 351. 378; Gaw. 367. 1735. *ryse we now full radly, reste here no longer.* Des. 772. 2698. 12358 etc.; *the Renke vp rose with a rad wille.* ib. 7036; Bar. L. XXIX. 135; Rel. A. II. Sir J. Maundevile. 114; Curs. M. G. 22151; Ben. 1114. Oft tritt auch das verwandte *rædi.* schwed. *rédig* an die Stelle von *rad.* ae.*(ge)râd, ræde: Ryse rp redyly yn helpe of me.* Med.338; *þei may be redy to rise.* Ben. 1248; Curs. M. 24694. 27728. Dazu kommen noch viele Wendungen mit *rad.* ac. *hræd* und *rape.* dän. *rap*, Wörter derselben Bedeutung, von denen die *me*. Dichter ziemlich willkürlich bald das eine bald das andere verwenden, z. B. Curs. M. V. 23926. *rapeli þou do me for to rise.* MS. Fairf. hat „*radli*" Trin. „*ratheli*". *he ryches hym to ryse, & rapes hym sone.* Gaw. 1309.

rede in roun — geheimnissvoll rathen (Rath zuflüstern): *ryche to-geder con roun, & syþen þay redden alle same, to ryd þe kyng wyth croun, & gif Gawan þe game.* Gaw. 361—364. Ae., As., An., Mhd., Laʒ. cf. Regel. p. 204. Hofm. p. 55 u. 70. Mnd.: *wo dat is welk vorneme, in runende, in rade, in daed, edder wo sek dat anders velle.* Sch.u.Z.III. b.43—48. Hanöv. St. R.347. Brem.G.Q.82.cf. ib.III.531.b.1—27. Me.: *þer herd y rede in roune.* Tri. 3; Curs. M. V. 15230. 15704. 22531; *thoru mi moder red and run.* ib. 3987. 24582. App. I. 19713; Tri. 510.

rwly rende — jämmerlich zerreissen: *On rode rwly to-rent, with rybaudeʒ mony.* Pat.96; *rewly was rent upon a rood.* Lud.C.XXXVIII. 372, 22. VII. 67, 14.

rwly rore — jämmerlich schreien: *rwly wyth a loud rurd rored for drede.* Clan. 390; *bigon....he to rarin reowliche ant te ʒuren ant to ʒeien.* Jul. 48, 4; Curs. M. V. 12530.

say for sothe — die Wahrheit sagen: *I schal say yow for sope, syþen I yow know.* Gaw. 2094. 1050; *sayde soþly al same segges til oþer.* Gaw. 673; Clan. 654. *soth moʒt no mon say.* Gaw. 84. 2110.

Ae., As., An., Laʒ. u. Orm. cf. Regel. p. 242—244. Me.: *for sope i
segge it.* S.A.L.b.II.1.790; Am.a.A. 1973; *sopliche seid.* L.H.R.VIII.
35; Ben. 1706; *sope to say.* S. A. L. b. 2, 165; Shor. 19, 23 etc.
semely to se — schön anzuschauen: *A semloker pat euer
he xyʒe.* Gaw. 83; *schal we semlych se sleʒteʒ of peweʒ.* Gaw. 916.
1) Verbum mit Adverbium: *semly on to se.* Am.a.A.426.534; S.A.L.b.
II. 9.58; Oct.90; Ell.P. II.32, 11; Tria.26; Sat.S.63,3; Gol.a.G. 381.
— *Pouer men, ragged in euyll aray sore, and unsemely to syght.* S.A.L.a.
Beil. 11. B. 375; *none semlyer yn syght.* Spec. V. 26, 12; Oct. 42. 786;
Haz. I. W. a. Ch. 250, 8. Gol. a. G. 315. 1004. 1285 etc. 2) Subst. mit
Attribut: *pat es a semly sight.* Min.VI. 5; Oct. 651; Egl.1317; Ell.P.I.
88, 6; Lyn. Meldr. III. 1168: Gol. a. G. 255. 1258; Patr. 152, 3; Des.
2095. 3) Prädikat und Objekt: *selden y am sad that semly (sc. maide)
forte se.* Spec.VII.29, 10.

sorʒe sette — Angst bringen: *Suche a sorʒe at pat syʒt pay
sette on his hede.* Gow. 1721. Der Dichter des Gawain scheint hier eine
alte volksmässige Formel in die transitive Bedeutung umgesetzt zu haben.
Ae.: *Bidan we þäs longe, sétan on sorgum sibbe oflyste wynnum and
wênum.* Hö. 81. Auch in unsrer nhd. Sprache ist es wohl volksthümlich
zu sagen: „in Sorgen sitzen".

slepe softe — sanft schlafen: *lis & slepes ful stille & softe
al niʒt.* Gaw. 1686. 1687. Ae.: *swá he slæpende sófte reste.* Ps. 77[65]. *ich
slief mir hiute sanfte.* Lex. II. 953. Fdgr. 1. 343; *senfter sláf.* M. u. Z.
2. 2. 51. 7. 8. Iw. 181; Nib. 1333. 4. Me.: *my dere sone, slepe softe yn
ese.* Med.1035.

sitte in sadel — im Sattel sitzen: *I say þe as sope as ʒe
in sadel sitte.* Gaw. 2110. Mhd.: *in den satel sitzen.* Lex. II. 612. Ls.
76, 83; *den satel sitzen:* (den Sattel sitzend einnehmen). Lex. II. 945.
Tristr.6706.Me.: *the king in his sadul sete.* Av.XIV.;P.Fol.I.Eg.a.Grine.
131. In den Sattel setzen: *In his sadul sette him on hiʒte.* Av.XXVI.3;
Sig.a.J.458; Ant.II.10; Lud.C.XXXV.353, 2; Kin.81, 17.

sitte in sale — in der Halle sitzen: *sete in sale syres &
burdes.* Clan. 1260; Gaw.1651. As.: *he it hôho skal an seli settean.* Hêl.
1407; *thô sie Eródes thár rikean fundun an is seli* (Saalgebäude, nur aus
einer Halle bestehend) *sittian.* Hêl. 549. Mhd.: *der saz in siner stuben
sal.* Lex.II.575.Kol.165.292.Chr.8.305.

sitte samen — zusammen sitzen: *seten soberly samen þe
seruise-quyle.* Gaw.940; Clan.645; *much solace set pay same.* Gaw.1318.
940. An.: *sitja saman* (zusammensitzen). Egilss. 709. Vafþr. 41; *setja
saman* (disponere, componere). Egilss.699. Bk. 1, 12. As.: *that ik samad
mid iu sittian môti.* Hêl. 4563. Mnd.: *sin broder, de mit ome in same-
deme* (gesammt, vereinigt) *gude sit.* Sch.u.L.IV.21a.7.Gosl.Bergges.§ 38;
de seten beide in samelden (d. i. sameden) gude unde herschop. ib. Lüb.
Chr. 2, 515; Sch.u.L.IV.21a.15 u. 16. Richtst. Lehnr. c. 25. § 2. Me.:
pai sate in hor solas samyn at a fest. Des. 2394. 1704. 11627; Lan.C.
IX. 122; Bar. B. VIII. 278.

sitte semly — wohlanständig (wie es sich gehört), schön
sitzen: *sete on hym semly, wyth saylande skyrteʒ.* Gaw. 865. cf. *setten
and semen im Laʒ.* Regel. p. 207. Me.: *king salamon, þat semeli sittand
es in trou.* Curs. M. V. 8660; Haz. I. V. 244, 5. W. a. Ch. ib. 268, 20;
Strenthed wel and semeli sett. Curs.M.V. 9880. 9950. 13371.

smepely smyle — mild, süss lächelu: *smepely con he smyle.*
Gaw. 1789; *with smope smylyng & smolt pay smeten in-to merþe.* Gaw.
1763. *smyle* entspricht mhd. *smielen* oder *smieren,* das sich ähnlich bindet:
ein smuzlich lachen smieren. M.u.Z.2.2.429a.9.Frl.ML.26.4. Me.: *some
can smoothly smile.* Ell.P.II.142, 7.

smyte smartly — schmerzlich schmeissen: *Hem to smyte for þat smod smartly I penk*. Clan. 711. Laʒ. cf. Regel. p. 227. *smit smertliche*. Stratm. p. 449. b. Kath. 2016; Horn. 1505.1506; Lan.C.XIX. 244; *quen ded thraus smites smert wijt and moning bath of hert*. Curs. M. V. 26659; Deg. 1093; Ell. R. II. 85, 8. ib. Guy o. Warw. 26, 5 u. 6; E.Fol.Lib.Discon.652; Chauc.cf.Lindn.p.333.

swere for soþe — wahrhaftig, richtig schwören: *I swere þe for soþe & by my seker traweþ*. Gaw. 403. 2051. 1825. Ae.: *ic þät geswerge þurh sód godu*. Jul.80; *deopne ád dryhten áswór and þone mid sóde getrymede*. Ps. 131. Me.: *swereþ for soþ*. Lan. C. XVII. 303.

swyftely swenge — schnell schwingen: *swyftely swenged him to swepe*. Pat. 250. 108; *het olif & oleomen swingen hit swiftliche*. Jul. 59, 5.

schyne schyr — hell scheinen: *ho schynes so schyr þat is of schap rounde*. Clan.1121; Gaw.956; Pea.28.982; Pat.455; Gaw.772. 956; Pea. 213. Ae.: *beacna beorhtast, þät ofer side gesceaft scire scined*. Cri. 1089; An. 838; *forhwon ne mót seo sunne side gesceafte scire geondscinan*. Sal.339; Met.20²²⁹; Rä.72¹⁷; Gû.1262. Me.: *of siluer and saphir schirly þai schane*. Gol.a.G.22.610.477.

schotte for schame — vor Scham schiessen: *Hir shire face all for shame shot in-to rede*. Des.451; *þe blod schot for scham in-to his schyre face*. Gaw. 317. *So scharpe scham to hym schot he schrank at þe hert*. Clan. 850. Die Verbindung hat ein so formelhaftes Ansehen, dass ich sie nicht übergehen mochte, obwohl sich im Me. nur spärliche Beispiele belegen lassen. Aber in unserer jetzigen Sprache sagen wir mit volksthümlicher Lebendigkeit: „das Blut schoss ihm vor Scham in die Schläfen".

schrire schyrly — vollständig beichten, sich von Sünden rein beichten: *he schrof hym schyrly & schewed his mysdedeʒ*. Gaw. 1880. Im Ae. bedeutet *scrifan* die Beichte abnehmen, über Jem. richten, verurtheilen: *ábidan sceal miclan dómes, hû him scir metod scrífan wille*. B. 979; *þurh þá sciran gesceaft scrifed*. Jul. 728. Freilich stehen die Wörter hier nur in alliterierender, nicht in grammatischer Verbindung. Me.: *scriftagh be scire and sundri tald*. Curs.M.V.26609.

schrinke for schome — vor Scham zusammensinken: *a he schrank for schome; þat þe schalk talked*. Gaw. 2372. *scrynketh for shome, ant shometh for men*. P. S. 158, 7; Cyt.a.U.XLIII.13; Gol.a.G. 1077; P.Fol.III.Death.a.Liffe.400.

teche truly — der Wahrheit gemäss belehren, unterweisen: *teche me truly þer-to, & telle me howe þou hattes*. Gaw. 401. 1527. *teche it trewly with alle myn hert*. Lud.C.XXI. 202, 23; Haz.I.W. a.Ch. 260, 12. die Wahrheit lehren: *Oueral þis werld his trouth to teche*. Curs.M.V.18712; Lan.C.IV.145.Cristm.C.XXX.49,14.

telle truly — der Wahrheit gemäss erzählen: *þat þou me telle truly, as I tryst may?* Gaw. 380. 406. 2444. 480; *ʒe me telle with trawþe, if euer ʒe tale herde help!* Gaw. 1057; *For neuerlesyng ne tale vn-trwe*. Pea.897. *trewly to tell*. L.H.R.IV.13; Curs.M.G.17108; Sus. 314; *I shall telle you the treuthe truly*. Des. 1008; Lan. B. II. 235. XVI. 4; Min. III.11. IV.4 etc.; Au. 35, 21 etc.; Lyd.143, 12; Ant.III.8; Bar.L.XXVIII.304 etc.; Gen.3982; Skr.11, 22; Lud.C.XXX.293, 3 etc.; Haz.1.Youth.27, 5; Gol.a.G.213 etc.; Ben.1026; — *as tulk of tale most trwe*. Gaw. 638; *wi find þi tales trew*. L.H.R.III.827; Lud.C.XXXVIII. 371, 19; Lyn.Est.IV.2737; Erc.3. — *The truthe for to telle, Tetyda she heght*. Des.106; Lan.B.I.146; Rich.R.II.41; Pl.Cr.238; Gow.II.13, 18.

55, 13; Gen. 3996. 4009 etc.; Curs.M.V.17814; Lud.C.Prol. 3, 6. 19, 7.
IV. 45, 27 etc.; Haz. I. Pardon. 202, 32. Ne.: *Tom Tell-truth.* Seitz. 1.
44a. Prov. Phr.
telle with tonge — mit der Zunge erzählen: *I schal telle
hit, as-tit, as I in toun herde, with tonge.* Gaw.31.32. An.: *engi fœr talt
med tungu* (nemo lingua numerare potest). Egilss. 812. Gd. β.5). Ag.
Me.: *of zwam pe prophetes tolden with toungue.* S.A.L.a. I. 267; Misc.
III. Sinn.Bew. 38. ib. Death. 57. 245; *send me in-to pat blisse pat tunge
ne mai tellen.* ib. Pray. t. th.Virg. 12. ib. App.II. Pains o.Hell.252 etc.;
Horn. 1283; R.S.72, 21: Spec.V. 26, 25.VIII.32, 4 etc.; S.A.L.b.II.2a.
743.744; Cel.337; Lan.C.VIII.17; Ell.R.II.280, 5; Al.(Laud.622) 1105;
Bek. 645; Am.LXIX.3; Au. 26, 6; Med.488.670 ect.; Lyd.109. 15 etc.;
Pen. P. 39, 5; Gow. II. 182, 4. Bar. L. XVIII. 527 etc.; Tria. 1530;
Curs. M.V.504 etc.; Am. a. A. 1886; P. 306; Lud. C.VIII. 77, 27 etc.;
O.Mil.532; Gol.a.G.415 etc.; Haz.II.Th.Four.P.P.374, 14.
wade in pe water — im Wasser waten: *pe walle wod in pe
water wonderly depe.* Gaw. 787. 2231. An.: *vada i ratni.* Egilss. 856.
Sk. 2. 2. Mhd.: *der kunic durch daz wazzer wuot.* Lex. III. 704. Apoll.
6597. ib. Albr. 33, 86. ib. M.G.b.135, 3. ib. W.v.Rh. 209, 22; M.u.Z.
3, 534 b. 13. 14. Mühlh. str. 45. ib. 21. 22. auch als direktes Objekt zu
waten: er wuot diu wazzer bi dem stege (er ging in das Wasser). Gregor.
2594. Mnd.: *(Christophorus) hadde enen staf in siner hant vnde woth in
dat water.* Sch. u. L. V. 572. b. 41. 42. Seel.Tr. 47. Me.: *wadep in pat
water.* Laü. A. VI. 58. B. V. 577. Ne.: *No safe wading in an unknown
water.* Seitz.I.p.37.a.Prov.
waxe wroth — zornig werden: *He wex as wroth as pe wynde
towarde oure lorde.* Pat.410.497; Gaw. 319; *wex wrothp with Ihu Marie
sone.* S.A.L.a.I.769; S.A.L.b.I.6, 1542. ib. II.2.484.583; Curs.M.V.
11539; Am.a.A.1588; Des.5070; Lan.B.IV.174; XIII.418; Pl.Cr.525;
Rel. A. Rom. o. Athelst. 95; M. Pr. C.174; Bok.V.127; Gow.I.281, 12;
P.Fol.I.Sir Lambew.293 etc.
welde at wylle — nach seinem Willen walten, nach
Belieben beherrschen: *pat wyl I welde wyth good wylle, not for pe
wynne golde.* Gaw. 2430; *alle pe worlde in his wylle welde as hym lykes.*
Clan. 1646. Ae.; *ne beod we leng somod willum minum, gif ic wealdan
mót.* Gen. 253; *wén ic, pät he wille, gif he wealdan mót, Geatena leode
etan unforhte.* B.442; *ne meahte he päs wealdendes willan* (des Schöpfers
Willen) *oncyrran.* B.2857; Gen.828; B.950. cf. Hofm.p.59. As.: *waldandes
willion.* Hél. 779. Afrs.: cf. Heyne. p. 273. *ur wald and ur willa.* Mnd.:
dede mit lucke herlikes lenendes wille walden, de etc. Sch.u.L.V. 578. b.
44.45.Gerh.v.M.74. 5. Me.: *pat schupte alle schaftes & wealded & wissed
efter pet his wil is.* Jul. 5. 8; *in will to weld al of his wijf.* Curs.M.V.
7214.17594.18065; Bok.XI.351; Gow.II. 63, 6. 130, 3. *to weld al wylle;*
Oct.80; Per.1340; Lud.C.XIX.185, 2.
wele at wille — Vergnügen, Freude im Uebermass (nach
Belieben): *When Gawayn wyth hym mette, per watz bot wele at wylle.*
Gaw. 1370. 1371. Ae.: *pät he pär brúcan mót wonges mid willum and
welan neotan.* Ph. 149; *on neorxna wong, pær him nænges wäs willan
onsýn ne welan brosnung.* Gú. 800. Me.: *mi wil & mi weol(e).* Stratm.p.
563. Kath. 2139.
wende away — weggehen: *went hir waye Iwisse.* Gaw. 1557.
688; *Vchon to wende on his way, pat watz wyze stronge.* Gaw. 1028.
2074. Ae.: *swicedan oftust and on wegas werige wendan hwilum of.* Ps.
106[39]; *hi áwendan áweg* (averterunt se). Ps. 77[57]. Me.: 1) Transitiv: *pei
wenden heore wei.* Jos. 313; *fare wele, Thomas, i wend my waye.* Erc.
305 etc.; S. A. L. a. IV. b. 1993; Misc. Pass. o. o. Lord. 514. u. s. w.

2) Intransitiv: *wenten wiþ him o way.* Tri.796.1870 etc.; *he went in his wey.* S.A.L.a.III.699; *Bi anoper wei heo wende uorþ.* L. II. R. 1. 163. 446.III.144; *Anon as thei awey went.* S.a.C.47,23.u.s.w.

wende to þe wod — in den Wald gehen: *to þe wod he went away.* Gaw. 1718. 2152. Mhd., Lag. cf. Regel. p. 229. Me.: *His houndis and his hawkis bothe wenten to wode.* Engl. Stud. III. 1s. 73. 78; *from this wylde wood wende.* P. Fol. III. Adam Bell etc. 30.

wene wel — wohl glauben, vermuthen: *He wende wel þat þat wyȝ þat al þe world planted Hade etc.* Pat. 111. 112; Gaw. 270. *hi wende wel he hadde ibeo: at court faste ynome.* Bek. 1059. Curs. M. V. 4633. 721. 27590; Hen. Oxf. Bodl. 20.5; Lyd. 36, 3; Gow. I. 314, 15. II.21, 15; Bar.L.VI.299.X.321.XVI.280.XXI.544 etc.

werpe on wedes — Kleider anziehen: *þe wlonkest wedes he warp on hymseluen.* Gaw. 2025. *I warp on my wedes.* Rel.A.Fortune.7.

werre with woluez — mit Wölfen kämpfen: *with worneȝ he werreȝ & woluez also.* Gaw. 720. Mhd.: *ich wolde mich mit wolven weren* (mich gegen Wölfe vertheidigen). Lex. III. 789. Freid². 135, 13b.

wyrle on wyngeȝ — auf Flügeln fliegen, dahinwirbeln: *Ho wyrle out on þe weder on wyngeȝ ful scharpe.* Clan. 475. *þe kniȝt wirlede in þe wing.* S.A.L.a.IV.b.435.

wyse of wyche-craft — erfahren in der Zauberkunst: *þat wer wyse of wyche-craft & warlaȝes oper.* Clan. 1560. Ae.: genau dieselbe Wendung: *Sum bið meares gleaw, wic-cräfta wis.* Crä. 70. Me.: *wicche-crafte....wit.* Lan.B.XIII.168.

wite I-wysse — gewiss wissen: *„What is þat?"* quod þe wyghe, „I-wysse I wot neuer". Ae., Au., Mhd., Laȝ. cf. Regel. p. 229. Me.: *þu schalt sone iwite iwis.* S.A.L.a.IV.a.384; S.A.L b. I. 6. 647; O.a.N. 1187; Bek. 1605. 1615; Max. 131; Trea. 133, 27. *Hi beoþ euer ibunde wyteþ ye myd iwisse.* Misc. Pass.o.o.Lord.632. ib. II.Mor.Ode. 145.383; ib.IV.Wom.o.Samar.37.53; VI.Joys o.th.Virg.3.

wyte wel — wohl wissen: *wyt ȝe wel, hit watȝ worth wele ful hoge.* Gaw.1820; Clan.1699; Pat.421; Gaw.1435; Clan. 875; Gaw. 1542; Pea. 411. An.: *vita mart rel* (multa pulchre scire). Egilss. 862. Hávam. 54; *vita vel fram.* Egilss.888. Hamh.15. Mhd.: *als er wol wist.* Lex.III. 961 a. Livl. M. 4683, *er wesse wol, wâ er was.* M. u. Z. 3. 785—790. Gen.D. 15. 18; ib.Trist.4435; ib.Walth.61.12. das 97, 23. Nib.1678, 3. Parz.614.6.11 .Iw.41.52.Sion 27.90.u.s.w.Mnd.: *dat wetten wol al desse heren.* Sch.u.L.V.700. 2. R.V. 100. Me.: *African wiste wel þat he wes freo boren.* Jul. 6, 3. 8. 4; H.H. 71.79; S.A.L.a.I.15.40.207.542 etc.; Min.V.76; Bok.VIII.1024. Die Phrase wird bekanntlich in me.Dichtungen besonders als Bekräftigungsformel so häufig angewandt, dass es überflüssig ist, weitere Beispiele anzuführen. cf.Seitz.p.38b.Prov.

wone worpyly — würdig wohnen, leben: *þay hade wonde worpyly with that wlonk euer.* Gaw. 1988; *per wonys þat worpyly I wot & wene.* Pea. 47. Ae.: *þin word wunad weord on heofonum* (besteht würdig, bleibt geehrt). Ps. 118⁸⁹. Me.: *That worthy ys in wons.* E. T. 1134: nach Lüdtke ein öfters vorkommendes Attribut für eine edle Frau.

worpe at wille! — der Wille geschehe!: *me schal worpe at your wille.* Gaw. 1214. Goth., Ahd., Ae., As., Laȝ. cf. Regel. p. 235. 236. Me.: *Lat it vvorth at my vvil.* Gol.a.G.1096.

wrappe in wedeȝ — in Kleider einhüllen: *Wich arn penne þy wedeȝ þou wrappeȝ þe inne.* Clan. 169; Rich. R. 122; *My soule is wrappyd in wofull wede.* Pen. P. 5, 19.

wroth as þe wynde — wüthend wie der Wind: *He wex as wroth as þe wynde towarde oure lorde.* Pat. 410; Gaw. 319. 525.

— 57 —

war al wroþ as þe wynde. S. A. L. b. I. 6, 1542; Lan. C. IV. 486; Des. 13091; Rich. R. 153; Lud. C. Prol. 8, 14. XXXV. 341, 25; Gol. a. G. 769.

spedly speke — günstig, gebührlich, eilig besprechen: *I schal fylle vpon fyrst oure forwardeʒ noupe, þat we spedly han spoken, þer spared watʒ no drynk.* Gaw. 1934. 1935; *he þat spedeʒ rche spech,* (gedeihen lässt, befördert) *þis disport ʒelde.* Gaw. 1292. Die Verbindung zeigt im Ae. u. Me. eine grosse Fülle von Variationen. Ae.: *þonne ic him spēdlice tō sprǣc, þonne hie me earwunga ealle onfuhton.* Ps. 119⁶. 105²; ib. 118¹⁵⁴; 118¹⁶⁹·¹⁷⁰. *sōd ne gelȳfde, þāt þǣre sprǣce spēd* (Erfolg) *folgode* (dass dem Wort die That folgen würde). B. 2384; Ps. 118¹¹; ib. 118³⁸; 118⁶⁷; 118¹⁵⁸; Gen. 2034; Ps. 118¹³³; Gen. 575. Me.: *wiþ Morgan speke wil y and spede.* Tri. 811; *that speche þat most vs may spede.* Curs. M. App. III. 243; *Hur speche was sone spedd.* Tria. 450; *spedely to hym spak.* Gol. a. G. 101.

stalle in stud — an einen Platz stellen: *He watʒ stalled in his stud & stabled þe rengne.* Clan. 1334. 1378. Ae.: *on þǣne stede, þe þu gestaludest* (in locum quem fundasti). Ps.103⁹. Mhd.: *sîne ros und sîne pfert liz er zû den statin stallin, dâ ê hâtin di brudre ire phert gestallt.* M. u. Z. 2. 2. 559 b. 16 u. 17. Jerosch. 57a. Me.: Stätte und Stelle: *ne misdede ne missayde i nevere nought in stede ne stal.* Bod. a. S. 270; Theo. H. 785.

stele stylly — sich still fortstehlen, fortschleichen; *At a stylle stollen steuen, vnstered wyth syʒt.* Clan. 706. 1778. Laʒ. cf. Regel. p. 227. 228. Gaw. 1710. 1191. 1659. Me.: *stillic stal þam awai.* Curs. M. G. 122(8; ib. V. 12524; Bod. a. S. 174; Al. (Laud. 622)522; Des. 988; *The kynges III stelyn awey fulle stylle.* Lud. C. XIX. 179, 3.

stif of stele — steif von Stahl: *þe stele of a stif staf þe sturne hit bi-grypte.* Gaw. 214; *stifest vnder stel-gere on stedes to ryde.* Gaw. 260. *His fochon is full styffe of stele.* Gowth. 493. Ne.: Shakespeare: *stiffer than steel.* cf. Seitz. II. p. 20 b.

stif on stede — stattlich (gerade, steil) zu Ross: *stifest vnder stel-gere on stedes to ryde.* Gaw. 260; *bifore was stef on stede Tristrem and Ganhardin.* Tri. 3079; *a stede fal stif to strayne.* Gaw. 176 *stef* im Tristr. hat zwar dieselbe Bedeutung wie me. *stif* und ist auch ebenso mit *stede* gebunden, kann aber nicht wie jenes mit ae.*stif* sondern nur mit afrs. *stef* zusammengestellt werden. *Men yarmed stef on stede & strong.* L. d. Fr. 118. 119; Min. VII. 50. Oct. 1578.

stylle as þe ston — still wie der Stein: *al stouned at his steuen, & stonstill seten.* Gaw. 242; *stode stylle as þe ston, oþer a stubbe.* Gaw. 2293. Mhd.: *stille swîgen sam die steine.* Lex. II. 1196. Birk. p. 139; d. *stille stân, stén.* M. u. Z. 2. 2. 636 b. Reinh. 759. Er. 6726. Nib. 565.3. 789.2.u.s.w. Me.: *we fellyn dede ston-styl.* S. A. L. b. II. 1a. 482; Bar. L. I. 491. L. 481. 340; Min. II. 32; Ant. XLV. 8; *This holi man him wende forth as stille as eni ston.* Bek. 1048; Curs. M. V. 6958; M. Town. M. 536; Ell. R. III. Am. a. A. 416, 19; S. S. 407. 427. 1069 etc.; Ant. IX. 5; *he lay stok-still as ane stane.* Gol. a. G. 108; Curs. M. F. 14279.

stonde in stale — auf dem Platze stehen: *Thus per stondes in stale þe stif kyng his-seluen.* Gaw. 107. Me.: Vielleicht findet sich unsere Formel in folgender Stelle wieder: *oft ge* (sc. diaboli) *in gestalum stondad.* Gû. 481, wo Ettm. allerdings übersetzt *saepe inter fures statis.* ae. *stalu.* me. *stale* (Diebstahl). Für die Lebendigkeit der Phrase im Ae. spricht aber der Umstand, dass das verwandte Wort *stadul* me. *stapel* sinnesgleiche Alliterationsformeln bildet. *We stōdon þǣr on stadole.* Kr. 71; *standan on stadule stîde wid geogude.* Ps. 143¹⁴; ähnlich Ily. IV. 38; Rä. 35⁶. cf. Hofm. p. 28. An.: *þessi god stódu á stalli eda háfum bekk.*

Isl. I. 336¹⁰. Möb.; *stód þar stalli á miðju gólfinu sem altari*. Möb. 408. Eb. 6¹⁵. Mhd.: *do der konig in das chôr quam und stûnd in sinem stalle, dô ect*. Lex. 2. 1130. Vgb. 4, 82. s. 582; *die stuenden nit in einem stal* (waren feindlich). Lex. II. 1130. Zimr. chr. 3. 214, 25; M. u. Z. 2. 2. 557. b. 24. 25. Parz. 474. 2. Mnd.: *alsdann moet mester Babbeler vor yn den stal stan runde syn aller monichen rastelauendes doer*. Sch. u. L. IV. 353 a. 45—49. Disput. to Oldersum. f. 24 b. Afrs.: Stätte und Stall: *thet hi stede and stalle were*. 115, 3. R. Heyne. 220. Me. wie im Afrs.: *i stude & i stalle*. Stratm. p. 463. Kath. 682; *That mekille may stonde in stalle*. Am. XXXIX. 9; Bod. a. S. Ms. Cambr. 304. — Auch *stede* (stellen) bindet sich mit *stalle*: *stad in a ryche stal & stared ful bryȝtȝ*. Clan. 1506. *Be-stad in a stalle*. Lud. C. XVI. 159, 25.

stonde in steropes — in Steigbügeln stehen: *þe steropes þat he stod on, stayned of the same*. Gaw. 170. See. u. L. (MS. Worc.) 48; *Alle butte the stithest, in steroppes that stode*. Ant. XXXVIII. 9; Bar. B. III. 120. XII. 51; Rob. II. I. 148, 23.

stonde stifly — kräftig (wider) stehen: *I schal stonde hym a strok, stif on þis flet*. Gaw. 294; Clan. 983. *þen bihoued hire, certeyn, stifly stonde in batayles tweyn*. S. A. L. b. 3, 65; S. A. L. a. Beil. II. B. 997; L. H. R. VIII. 393; Ber. 155; *he þat wenis stiffest to stand*. Curs. M. G. 61; Lan. B. VIII. 33; ib. ClV. 348; Av. l. 16; Ell. R. I. M. Arthur. 387, 5; Ben. 197; Rob. II. I. 171, 28. II. 25, 2; P. Fol. II. Lib. Discon. 558 u. s. w. sehr gebräuchlich in den Romanzen bei Percy.

stonde stylle — stillstehen: *styȝtel þe vpon on strok & I schal stonde stylle*. Gaw. 2252. 2293. Ae.: *swâ he on landsceape stille stande*. An. 502: Ph. 185; Met. 20¹⁷²; Rä. 35⁸. As.: *stillo gistandan*. Hêl. 662. Me.: *styl pey stode as þey were madde*. Weitere Belegstellen anzuführen erscheint überflüssig, da die grosse Verbreitung der Formel im Englischen bekannt ist.

3. Substantivum und Verbum sind im Verhältniss von Subjekt und Prädikat mit einander verbunden.

blod blende — das Blut vermischte sich, besudelte, troff: *boþe his blod & his brayn blende on þe cloþes* (sein Blut uud Gehirn vermischte sich) erinnert lebhaft an die im Homer beliebte Wendung: ἐγκέφαλος δὲ ἔνδον ἅπας πεπάλακτο. Il. XI. 97. 98; ebenso: *the blode & the brayne blend with the erthe*. Des. 9584; *blode blend with the rayn*. ib. 964?. 10211: *blent water and bloude*. P. Rel. Old. Rob. o. Portingale. 32 — *þay in baleleȝ blod þer blenden her handeȝ*. Pat. 227. (besudelten); *Alle þe blode of his brest blende* (spritzte) *in his face*. Gaw. 2371; *mi blode it was me blend*. Curs. M. V. 24005. 24098. Denselben Uebergang der Bedeutung von vermischen zu „besudeln", „bespritzen" in derselben Formel zeigt das an. *blanda: er vid i árdaga blendum blódi saman* (sanguinem commiscuimus, amicitiam juravimus) Egilss. 60. Lokagl. 9; *þeir blendu hunangi vid blódit* ib. SE. I. 216; *Blanda jörd blódi* (terram sanguine miscere i. e. adspergere, foedare). Auch im Griech. kann μιγνύναι beide Begriffe vertreten und wie *blende* gebraucht werden: *ᾐ φθεγγομένου δ'ἄρα τοῦ γε κάρη κονίῃσιν ἐμίχθη*. Od. XXII. 329.

bokees bereȝ wyttenesse — Bücher tragen Zeugniss: *þe Brutus bokees þer-of bereȝ wyttenesse*. Gaw. 2523. *As Hermes in his bokes olde witnesse bereth*. Gow. 133, 13. 14; M. Pr. C. 730.

dewe dropes — der Thau tropft: *þe donkande dewe dropes of þe leueȝ*. Gaw. 519; *as dewes dropes* (nhd. Thautropfen) *beth weete*. Spec. XLII. 114, 11.

feye fallen — die zum Tode bestimmten fallen: *me als fayn to falle feye as fayly of myyn ernde.* Gaw. 1067. Ae., Mhd., Laȝ. cf. Regel. p. 230. 231. *Mony fallyn were fey of þe fell grekes.* Des. 5242; Jos. 558. 569. 368; Spec. VI. 28, 12; Gol. a. G. 640.
ferde falleȝ on me — Furcht befällt mich: *ferde on hem fel & flayed hem withinne.* Pat. 215. Das ac. *fyrhtu*, welches zwar me. *ferde* nicht genau entspricht, alliteriert ebenso: *me fealled on fyrhtu deades.* Ps. 54⁴.
ferly bifel — ein Wunder geschah: *per a ferly bifel pat fele folk seȝen.* Clan. 1529. 1629; *ferlyes on þis folde hun fallen here oft.* Gaw. 23. 1) Transitiv: *feole ferlys hire bifelle* (geschahen an ihr). Sus. 129; Curs. M. V. 11; Lan. A. Prol. 6. 2) Intransitiv: *þis ferlys bifel in þe days of Danyel.* Sus. 361; L. II. R. Stor. o. th. Hol. Rood. 379; *Ʒuyn atte the mydday this ferly con falle.* Ant. VI. 7. XXIII. 14 etc.; Gowth. 27; Lan. B. Prol. 65; Bar. L. VI. 591. XXI. 914. XXIX. 782. XXXIII. 687 etc.; *ferlyful, how it befell.* ib. XVIII. 24.

floneȝ flete — Pfeile flossen: *felle floneȝ þer flete, when þe folk gedered.* Gaw. 1566. Zwei Sprachen haben auf die Bildung dieser Formel eingewirkt. Es ist kein Zweifel, dass dem Dichter die me. Wendung *flan fleod*, welche für das Ae., An. und Laȝ. von Regel. p. 232 behandelt ist, vorgeschwebt hat. Nun steht aber im An. dem „Fliegenlassen des Speeres" auch ein „Fliessenlassen des Schiffes" in nahe anklingender Lautform zur Seite. Leicht konnte daher ein Dichter, da auch die Begriffsverschiedenheit von *fleoȝen* und *fleoten* nicht sehr gross ist, die beiden Sprachformeln vermischen. Vgl. Me.: *felde him wundet, in wid in his heorte wid þe flan þe of luue fleod.* Jul. 7, 3.

golde glenteȝ — Gold glänzt: *þe glyterande golde glent vpon endeȝ.* Gaw. 2039. *miche watȝ þe gyld gere þat glent þer alofte.* Gaw. 569. Mhd.: *von golde erglenzet und erklanc gar allez ir gereite.* M. n. Z. I. 549. 34. 35. H. Trist. 4472. Nhd.: es ist nicht alles Gold, was glänzt.

golde glytereȝ — Gold glitzert: *þe glyterande golde glent vpon endeȝ.* Gaw. 2039. Ae.: *Geseah þa... magoþegn módig máddumsigla fela gold glitinian grunde getenge.* B. 2758. Me. *glyteren* ist aber nicht von ae. *glitinian* sondern von an. *glitra* abzuleiten. *Alle in gleterande golde, gaye was here gere.* Ant. XXXIX. 2; *glittering like gold.* P. Fol. II. Boy. a. Mantle. 128; ib. John de Reeue. 261. Ebenso gebräuchlich ist im Me. die Form *glistren*, die mit dem mnd. *glysteren* zu vergleichen ist: *Id ys vorware nicht al van golde, Dat an deme sadel vaken glystert.* Sch. u. L. 122 a. 39. 40. Schp. v. Narrag. f. 107 b. Me.: *of golde glistrend spoke and whele.* Gow. III. 112, 3; Haz. I. 252, 12; P. Fol. I. Lord. a. Learne 94. Ne.: *All is not gold that glisters.* Seitz. I. p. 30 a. Prov. Der ae. Form am nächsten kommt *glisten, glistnen: Heo glystnede ase gold when hit glemede.* Spec. X. 36, 18.

gresse groweȝ — das Gras wächst: *grene growe gresse.* Clan. 1028; Pea. 31; *ouer-growen with gresse in glodes ay where.* Gaw. 2181. 235; *gras þat groweþ in þe lond.* S. A. L. a. IV. b. 9; L. II. R. II. þe Hol. R. 51. III. 154; S. A. L. II. 2 a. 624; Curs. M. V. 1262; Lan. C. XV. 23. Ne.: *While the grass groweth, the horse sterreth.* Seitz. I. p. 30 a. Prov.

clay clenges — der Lehm haftet an: *þe clay þat clenges þer-by arn corsues strong.* Clan. 1034. *His frendes aren afered ant clyngeth so the clay.* Spec. XXIX. 85, 23; S. A. L. b. II. 5, 388; *clongyn in clay.* E. T. 497; Ell. P. I. 268, 10; L. d. Fr. 74. cf. Seitz. II. p. 19 a.

knyf kerueȝ — das Messer schneidet: *cout ne kerue with knyf.* Clan. 1104. *kervyng knifes.* Bok. o. C. III. 673.

coke crowe₃ — der Hahn kräht: *þe coke hade crowed & cakled bot pryse.* Gaw.1412.2008. *Alute bifore the cockes crow.* Bek.1090; Lai.1.F.154; Curs.M.V.15571.15945; *fra pat þe cok had craeyne thrise.* Bar. L. Johan. 557; Pr. a. P.S.18,14.19,14; P.Fol.I.Glasger.28. Ne.: *As the cock crows, so crows the young.* Seitz.1.p.32a.Prov.

colde clenge₃ — die Kälte starrt, zieht zusammen. *Colde clenge₃ adoun, cloude₃ vp-lyften.* Gaw.505.2078. Ae.: *snáw bewrihd wyrta cid, þæt hy præge beod cealde geclungne.* (vor Kälte erstarrt) Sal. 304. Me.: *colde clyngest.* Lan.B.XIV.50.

lyf lastes — das Leben dauert: *laste þy lyf in lenþe.* Clan. 1591: *lach out my lyf, lastes to longe.* Pat. 425. Ae., La₃. cf. Regel. p. 232.233. *pis lutle leastinde lif.* Jul. 33, 15. 75, 10; *hwilis pat is lif lesten may.* Prov.Alfr.T.2.224.225. T.1.386.387; S.A.L.b.I.5,557; L.d.Fr. 121; L.II.R.VI.302; Des.713; Lau.A.X.37; Gow.I. 37, 10. 48, 3 etc.; Curs.M.V. 643.25100 etc.; P.S. 223, 20; *euire-lestand* (ewiges) *lyfe is me before.* Bar. L. II. 220. 869. XLI. 32 etc.; Ben. 244. 2541; Curs. M.V. 11580.17215 etc.; Lyn.V.Deplor.o.Qu.Magd.10. — auch in der Bedeutung „leisten", „vollbringen": *Ac thi lif al thu last ine wowe.* R. S. 64, 16.

ly₃t leme₃ — das Licht leuchtet: *louelych ly₃t þat lemed ful fayre.* Clan.1486. ib.2010; Pea. 1043. 119. Ae., As., La₃., Orm. cf. Regel. p. 220. Me.: *Heom pou₃te he leomede as liht.* Jos. 687; *Vt of his mikel lemand light.* Curs. M.V. 5755; Spec. 25, 18; Lan. C.VIII. 135; Des. 699. Die beiden Substantiva verbinden sich: *Whon he was schewed to þe siht boþe of leom and of liht.* S. A. L. b. II. 9, 237; Curs. M.V. 1010. 9945; Lan. C. XXI. 129; *þai seize a lem of li₃t.* Patr. 193, 6; Curs. M.V. 9951. 17344; Am. a. A. 533; Theo.V. 530; Gol. a. G. 1043; Lyn.II.Dreme.69. — *þe leme of heuen he sey aliht.* Al. (Laud.463) 268.

schelde schine₃ — der Schild scheint: *A schelde & a scharp spere, schinande bry₃t.* Gaw. 269. Mhd.: *helmes, schildes schîn.* M. u. Z. 2. 2. 144 b. Nib. 200, 2. 597, 2. das. 1542, 2. Me.: *schynen wiþ schapen schelden.* Pl.Cr.176; *Saw he....schynyng off scheldys gret plenté.* Bar.B. VI.217; XI.461.XII.440.

water walle₃ — das Wasser wallt, braust, kocht: *wallande water got₃ out of welle.* Pea. 365. Afrs.: cf. Heyne. 246. *onweemd fan fyore ende fan wallende wettera.* Richth. 1124. W. 420, 18. Me.: *þer is a water wallinde hot.* Misc.Pains.o.Hell.75.

water wasche₃ — das Wasser wäscht: *I schal waken vp a water to wasch alle þe worlde.* Clan. 323. Mhd.: *blût unde wazzer daz wôsch der werilde laster.* M.u.Z. 533.25. glaube. 1040. Me.: *Bot war þe wel, if þou be waschen wyth water of schryfte.* Clan. 1133; *wesh hir suet bodi in water.* Curs.M.V.20212; Lan. A.VI.58. B.V.577. XV. 187 etc.; Stac. 255; Bar. L. XXIX. 238. 239. XXVI. 31; Lud. C. XXXII. 314, 3; Dis.Ch.42, 24.

water wete₃ — das Wasser benetzt, macht nass: *water may walter to wete any erþe.* Clan. 1027. Ae.: *wæted mec in wætre.* Rä. 13[10]; *ná him wäter gewættan fót.* Ps. 104[36]; An. 375. Me.: *I wepte water warm and wette my wonges.* Jos. 647; *waters þat wete þan cristes flexs.* Curs. M.V. 23685; Des. 8811; Gow. III. 36, 18. 19; Hoc. 58, 5; Gol. a. G. 1131.

wel worth þe! — wohl sei dir!: *Wel worth þe wyze, þat wolde₃ my gode.* Gaw. 2127. Prov. Alfr. T. 1. 633; *leuedi! ful of blis, ai worth þe wel!* Curs.M.G.25633.3333; Min.II.5.11.17 etc.; Lan. XXII. 432; Am.a.A.2046; Theo.V.321.

wynde wayue₃ — der Wind weht, bewegt sich: *þat euer wayued a wynde so wyþe & so cole.* Pat. 454. *þe waghes waued wiþ þe winde.* Curs. M. F. 1843; *þat heildes waifand wit þe wind.* Curs. M.V.

13119; *Warid with eche wynd, as doth a reed speere.* Lyd. 256, 5; *baners to the wynd wawand.* Bar. B. IX. 245. XI. 93.513; Gol.a.G.438. Minst. 421, 12. An die Stelle von *wayne* tritt häufig *wayne*, dessen Bedeutung noch nicht genügend aufgeklärt ist. Morris bringt es mit afrs. *guagnier* zusammen und übersetzt „*to gain, get*". Jedenfalls geht aus unsereren Alliterationsformeln hervor, dass *wayne* einen ähnlicheu Sinn haben muss wie *wayne*, denn der Cursor Mundi zeigt im MS.Vesp.: *þat heildes waifand wit þe wind;* im MS. Trin.: *þat heldeþ waynyng wiþ þe wynde* und a. a. O.: *the knyght be there assente schulde wayne wyth the wynde.* Tria. 246. erscheint die Formel so. Für das Vorkommen der Wendung im Ae., An., Afrs., cf. Regel. p. 235 am Ende des Abschnitts.
wo worþ þe! — weh über dich!: *worþe hit wele, oþer wo, as þe wyrde lykez hit hafe.* Gaw.2134. An.: *vei verdi mér* (wehe über mich) Möb. 503. Me.: *euer wrþe him wo.* Misc. Pass. o. o. Lord. 175; Jul. 26, 9; L. II. R. IV. 313; Tri. 3055; *of al wicke ai worth hir waa.* Curs. M.V. 7236. 7240. 13180 etc.; Lan.B.IX.59; Gen.4871; Stratm.p. 542. Laz. 3359; Gow. III. 320, 2. 362, 6; Bar. B. I. 515; Perc. 1082. 2119. See. u. L. Fragm. G. 25; Pas. o. P. 101, 22; Rim. 66, 8; Haz.ll. Lust. Juvent. 95, 20; Rob. H. II. 76, 21.
wort woxes — Kraut wächst: *welawynne is þe wort þat woxes þer-oute.* Gaw.518. Mhd.: *wir hœren von der würze sagen, swâ ein trache werde erslagen, si wahse von dem bluote.* M. u. Z. 3. 828 a. Parz. 483, 7; *wurze unde gras wûchsen in deme garten.* M. u. Z. 3. 828, 29. 30. Pass. K. 236, 90.

4. Verbum und Substantivum treten als Prädikat und Objekt in alliterierende Bindung.

bende brozez — die Stirn runzeln, *bent brozez* — schön geschwungene Augenbraunen: *bende his bresed brozez, blycande grene.* Gaw. 305. *Eizen gray & browes bent þat bere þis birddes brizt on ble.* L.d.Fr.34.35; Bok. I.210; Gow. III. 240, 16; *bending his brows as broad as barn-doors.* Haz. The Four P. P. 376, 20.
bere blomez — Blumen tragen: *þay borgounez & berez blomez ful fayre.* Clan.1042. Mhd.: *manec dorn schoene bluomen birt.* M.u.Z.I. 137 b. 40. Vrid. 120, 23. 24, 9. Trist. 11868. Me.: Die entsprechenden Zeitwörter binden sich: *Take hede whose zerde doth blome and bere.* Lud. C. X. 94, 7. Vgl. die verwandte Bindung: *trees blossomes brode to bere.* Curs.M.T.22144. ib.F.10735; *tres brathli blomes bere.* ib.V.22144.
byde bale — Schmerz erdulden, Unglück erwarten: *byde bale with-oute dabate, of bronde hym to were.* Gaw.2041. Clan.1243.Ae.: *ic bealuwara weorc gebiden häbbe, sárra sorga.* Kr.79; *þá þe gyt ne him bealu benne gebiden häfden.* Ex. 238. Me.: intransitiv: im Unglück verharren: *was adam bidand in his bale.* Curs. M.V. 18629; P. Fol. I.E.o. Westmorel. 3.
bidde bone — eine Bitte stellen, um Erlaubniss bitten: *I schal bayþen þy bone, þat þou boden habbes.* Gaw.327. *feng to cleopien to crist & bidde þeos bone.* Jul.31, 15; Stratm.p.58.Kath.611, S.A.L. b. 2 b. 381; Curs. M.V. 20216. 20837. cf. An.: *bidja mun ek þik bœnar einar.* Sig. III. 62. Ae.: *ic þe....biddan wille....ánre béne.* Beow. 427.
bigge burz — eine Burg erbauen: *I haf bigged babiloyne, burz alþer-rychest.* Clan. 1666; Gaw. 9. Diese Sprachformel ist auf altnordischem Gebiet entstanden. *bigge* = an. *byggja* (bewohnen, bauen): *byggja borgir* (arces incolere). Sk. 1, 1. Egilss. Me.: *biggit the burgh bigly hym-seluyn.* Des.5216.

bylde bour — eine Wohnung bauen: *per watz bylded his bour, þat wyl no bale suffer.* Pat. 276. Stratm. p. 81. R.S.V.153; *boure is beeld ful colde in clay.* Bod. a. S. 95; Kin. 96, 1; P. Rel. Marr. o. S. Gawaine 155; *(Ihesus: christ) builde* (lasse uns wohnen, schütze) *vs[in] his bower.* P.Fol.II.Eglam.3.

be boun at bode — dem Befehle gehorchen: *þere were boun at his bode burnez in-noze.* Gaw. 852. Aehnliche Wendungen verwandter Wörter sind nicht selten: *Unto his biding be so boun.* L. H. R. VII.8; Curs. M.V. 9069. 23734; Rich. R. III. 294; Gol.a.G.330; *to þer bedynges wold be bayn.* Ben. 2308. 2410; Gol. a. G. 330; P. Fol. I. Th. Turke a. Gow. 108; ib. John de Reeue. 504; *they were beene att his biddinge* ib. 625.

bowe to bode — dem Befehle gehorchen: *bowed to his bode, bougre my hyure.* Pat.56.75. *to his bidding bow.* Curs.M.T.15094. Ae.: *bebúged gebod geond Bryten-ricu Sexna kyninges on þás sylfran tid.* Men. 230. Me.: *All Princis bowit at his bidding.* Lyn.II. Mon.4416; Lud. C. XXXIII. 330, 10; Haz. I. W. a. Ch. 250, 29. 250, 269; Ben.717; Gol. a. G. 1326; *Alle xal be buxum* (gehorsam) *at thi byddyng.* Lud. C. 22, 27. XIX. 183, 23 u. 24.

bryng bodworde — Botschaft bringen: *Bryng bodworde to bot blysse to vus alle.* Clan.473. Ae.: *his bodan bringad.* Gen. 510. Me.: *the bodeword broght to þe bold kyng.* Des. 8315; Curs.M.V. 1195. 8330. 8346. 10510. 10856 etc.; Erc. 640; Cel.132; Gol.a.G.55; *blisced bodes i þe bring.* Curs. M.V. 20160. 20178.

day dryue — den Tag vertreiben (verbringen): *þis day wyth þis ilk dede þay dryuen on þis wyse.* Gaw. 1468. 1176. und in veränderter Bedeutung: *þe day dryuez to þe derk, as dryztyn biddez.* Gaw.1999. Mhd.: *ich bin einer der nie halben tac mit ganzen fröiden hat vertriben.* M.u.Z. 3. 3. 39—42.Vrid. 42, 7. vgl. 103. 3. Grimm zu Vrid. 58, 12. Me.: *His daies er dreuen vnto þe end.* L.H.R.III.217.

dethe dryze — den Tod erleiden: *neuer dryze no dethe, to dayes of ende.* Clan. 1032. 400. *ha schulde ded drehen.* Jul. 70, 14.

dizt dom — Urtheil fällen: *Ellez þou wyl dizt me þe dom to dele hym an oþer.* Gaw. 295; *domez-day schulde haf ben dizt on þe morn.* ib. 1884. Auch die Verben binden sich durch Alliteration: *dyzt & deme* richten und urtheilen: *al lys in him to dyzt & deme.* Pea. 360. Ae.: *dóm and diht.* Hofm.p.49.*al þat he dihted & demed.* Stratm.p.126. Hom. 1, 267; *he dihte feole dômes.* ib. Laz. 7221; *hath us dyght fro derelys dome.* Lud. C. 171, 23 u. 24; *þi domes day es dight.* Min.VI. 7.

dynt dele — einen Schlag ertheilen: *Such a dunt as þou hatz dalt disserued þou habbez.* Gaw. 452. 560. *delt dynttes full derffe.* Des. 944. 5708. 6466. 6547 etc.; Min.VII. 141; P.S. 298, 7; Tria.1215; *saw thaim swa gret dynts deill.* Bar.B. III.32; Gol.a.G.66.542.827 etc.; P. Fol. III. Bosw. FFeilde. 550.

dynt dryue — einen Schlag ertheilen: *þis dynt þat þou schal dryue.* Gaw.389.*Dethis dentys on the were drevyng.* Lud.C.XXXV. 344, 22; *with dyntes drofe hym all to draf.* L.II.R.App. I. Dispute.207; P.Fol.II.Lib.Discon.1362; ib.III.Bosw.FFeilde.622.

dome dele — Urtheil fällen: *Er dalt were þat ilk dome þat danyel deuysed.* Clan. 1756; Gaw. 1968. Ae.: cf. Hofm. p. 69. As.: *hwat williad gi Judeon thes adélian te dôme* (als Richterspruch ertheilen).Hêl. 5107. 3866; *duomos adélid.* ib. 5421. 3317. Mnd.: *De asega ensal ghenen doem delen, id en sy, dat he tovoren den keyser ghesworen hebbe.* Sch.u. L. I. 535 u. 536. Richth. 5. 26. Compositum: *dômdeler* der Richter. Sch. u. L. 536. Afrs.: cf. Heyne. Me.: *Crist sal noght cum his dome to del.* Curs.M.V.22411.

fee෮ fonge — Lohn empfangen: *his fee෮ per for to fonge.* Gaw. 1622. Ae.: *ealle his æhta rice redemann rycene gedæle and his feoh onfön fremde handa!* Ps. 108¹¹; *so þe his feoh tö unrihtum, wæstmsceatte ne syled ne nänes feos ne wilnad ät þam unscyldgan onfön.* Ps. Th. 14⁶.

fyle flesch — das Fleisch mit Schuld beflecken; *þe fylþe of þe flesch* — die Sündhaftigkeit des Fleisches: *In þe fylþe of þe flesch put þou be founden neuer.* Clan. 547. 202; *man for to fall in filth o fless.* Curs. M.V. 8985. 27189; Bar. L. XLIX. 208; *þai er corrumpid & maide ful vile, þat uses wit filth þair flesch to file.* Ben. 893.

fol෮ þe fet — den Spuren folgen, auf den Fuss folgen: *fol෮ þe fet of þat fere þat þou fre haldes.* Clan. 1062. Mnd.: *were aver, dat rof, brant schude, dar vluchteges rotes volghet worde, dar scole wi volghen.* Sch. u. L. 514. S. II. L. Urk. II. 189. ib. Lüb. Urk. 3. S. 158; *volghede eme uppe deme rote* (augenblicklich). Sch.u.L.V.515a.5. Korner 20c. Me.: *folwen-afote.* Lan. B.VI.2.

frete flesch — Fleisch fressen: *þat fel fretes þe flesch & festred bones.* Clan. 1040. Ae.: *wile min flæsc fretan, felles ne réced.* Rä. 76⁵.

forward fylle — einen Vertrag erfüllen: *fylle þe same forwarde෮ þat þay byfore maden.* Gaw. 1405. 1934. *this forward to fille first, ye me sweire.* Des. 602. 651. 704. 2440. etc.; Lan. B.VI. 36; Curs. M. V. 20735; *Fro that day furth to fulfyl that forward.* Au. 50, 5; Am. LXIX. 6; Av. XIX. 15. XXIX. 12 etc.; P. Rel. The Widdynge o. S. Gawen. 536.

forward fest — einen Vertrag abschliessen: *þe forwarde þat we fest in þe fyrst nyȝt.* Gaw.2347; und ähnlich: *bi fyn forwarde & faste, faypely ȝe knowe.* ib. 1636; *This forward was festynit with a felle wille.* Des.2727.3123; Curs.M.V.3891.ib.G.5725.

forgyue gylt — eine Schuld vergeben: *I schal forgyue alle þe gylt þurȝ my grace one.* Clan. 731. Die beiden Wörter finden sich einmal, aber in ganz anderer Bedeutung, bei Grein in alliterierender Verbindung: *In þam mægwlite monge lifgad gyltum forgiefne* (peccatis dediti). Gû. 432. Me.: *Grete god of his grace ȝor gultus forȝiue.* Sus. 249; Lan.A.III.103.B.111.8, 107.IV.101; Curs.M.V.26429.26503.28233; P. S. 199, 18.

gyue god-day — guten Tag sagen: Gaw. 668. 1290. 1029; *gef hym God & goud day, þat Gawayn he saue.* ib. 2073. Mhd.: *guoten tac, guote naht geben.* M. u. Z. 1. 501. 17—19. Walth. 119, 17. 101. 21; *guoten morgen er ir gap.* Lex. 2. 1138. Ulr.Wh. 132. Mnd.: *guden avent, morgen geven.* Sch. u. L. II. 92b. 28 u. 29. R. V. 957. 1110. Me. genau so wie Gaw. 2073: *gaf þam godd and als god dai.* Curs. M. 8068.

halde hes — ein Versprechen halten: *Wyl ȝe halde þis hes here at þys oneȝ?* Gaw. 1090. *I þin heste held noht.* H.II.157; S.A.L. b. II. b. 188. 415; Spec. XV. 47, 20; Des. 11652; Pl.Cr.345; Bar.T.Ms. Douce. 148. 925—930; *holde me to oure heste.* Lan. A. III. 108; Chauc. Lindn.p.334. Gow.II. 317, 22. Auch die beiden Verben werden formelhaft zusammengestellt: *Ich held þe lawes, þat þou hete.* H.H.224.Des.11648.

hente hap — Glück ergreifen: *harde vnhap per hym hent & hastyly sone.* Clan. 1150. *Lest he to harmes helde, ant happes hente unholde.* Spec. IV. 24, 11; Lyd. 225, 3; Ell. P. I. 109, 9.

hente harme — Unglück bekommen: *þou, er any harme hent, arȝeȝ in hert.* Gaw. 2277; Pea. 388. *Mony harmys þai hent er hor helpe come.* Des. 5778; S. S. 1401; Min.VI.15; Lyd. 35, 7. 223, 11; Av. XXVIII. 8 u. 15. XLIV. 16; *In that hailsing thai hynt grete harmys and here.* Gol.a.G.703.674.872.

heue vp hed — das Haupt aufheben: *he heueʒ vp his hed out of þe clopes.* Gaw. 1184. Ae.: *hiora heafod hebbad.* Ps. 109⁶. 82².
Mhd.: *den hals er ime abe sluoc, daz houbit er úf huop, er stachte iz an ein sper.* M.u.Z.1.719.40—42. pf. K. 307.5. vgl.142,27.149.11.Grimm. gesch. d. d. spr. 141. Me.: *though he heve his hede on high, the fruit is ever aliche nigh.* Gow. II. 140, 7.

hewe of hed — das Haupt abhauen: *he hewes of his hed & on hiʒe setteʒ.* Gaw. 1607. Ae.: *he Johannes bibead heafde biheawan.* Jul. 295; Met. 1⁴³. An.: *höggra höfuð af hálsi.* Egilss.371.Skf.23.Mhd.: *si hiewen in abe di houbit.* M.u.Z.1.721.28—30. myst. 1.223.37. Mnd.: *he hec em dat horet en twei.* Sch.u.L.II.309b.18. Lüb. Chr. 1, 140; *der scharfrichter hiege ir dat horet af.* ib. 23. 26. Münst. Chr. 2, 46; Sch.u. L.II.318a.8.9.Brem.G.Q.107.

kenne crafte — eine Kraft, Kunst, Macht kennen lernen: *I compast hem a kynde crafte & kende* (lehrte) *hit hem derne.* Clan.697. As.: *sîdur sie that word godes hêlag gihôrdun heban-kuban-kuninges, antkendun kraft mikil.* Hêl. 4261. 4125; *sia ni mahtun ina garolîko antkennan kraftigna* (erkennen den mächtigen). Hêl. 5965. Me.: *to ken all the crafte how þe case felle.* Des. 25. 1583; Lan. B. II. 4. XIX. 229; *all thare craftynes wer kend.* Lynd.II.Mon.6337.ib.II.Trag.311.II.Test. o.th.Pap.999; Auch die me.stammverwandten Verben *can* „ich weiss" und *cunnen* „können, wissen" alliterieren gern in derselben Weise: *clerk y-cud that craftes con.* Spec.VIII. 33, 6: O. a. N. 792; Lan. A. XI.21. X.1(4; P. 361. Bar. L. XLII. 220; Curs. M. G. 25716; Theo. 839. — *craft and connynge* (List und Schlauheit). Lan. C. XXII. 254; Lyd. 43, 12; *crafty kunnynge.* Lan. B. XIII. 293; *konnyngest of my craft.* ib. C. VII. 42.

lache leue — Abschied nehmen: *lacheʒ lufly his leue at lordes & ladyes.* Gaw. 595. 1027. 971. 1410. 1870. *þen lacches his leue & his loue kyst.* Des.811.1024.2574.6162.etc.; Lan.A.III. 25. XII. 55 etc.; Ell. P. 1. 267, 9; *Loueliche heo louted and lacched hir leue.* Sus. 237; Curs. M. V. 4999. 5379 etc.; Bar. L. XXX. 110. XL. 188 etc.; *leue has lautht.* Bar.T.F.I.187.

lede lyf — ein Leben führeu: *1 myʒt lyf vpon londe lede any quyle.* Gaw. 2058. Ae., Ne. cf. Regel. p. 239. Im As. tritt diese Verbindung nicht hervor, wohl aber im Mnd.: *dusse man ledde eyn lenent vul dogede.* Sch. u. L. 679. 31. 32. Dial. Gr. 182. Sehr grosse Verbreitung gewann die Phrase im Me.: *What lyf ʒe lede, erly & late.* Pea.392.774. Misc.III.Sinn.Beware.344; Prov.Alfr.T.1.15.16.400.401 etc.; S.A.L.a. III. 245. 648. ib. IV. b. 645; S. A. L. b.I.5,570 etc.; *In maumetry wald lede his liue.* L. H. R.VII. 72. 82; Jos.16.277; Des.1401; Lan.A.VIII 176.X.340; Gow.II. 18, 18. 174, 3; Gowth.51; Lyd.220, 17; Gen.6983; S. S. 232; Rat. R. 1943; Ch. o. B. 9, 4; S. a. C. 26, 6; Au. 7, 3 u. 4; Ben.90.322.1152; Lud.C.X.100, 7.u.s.w.

lede lore — eine Lehre ausbreiten: *lede lenger þi lore, þat pus me les makeʒ.* Pat. 428. Ae.: *se wäs æ bringend lára lædend þám þe.* Cri. 141; An. 778; *swâ is lár and ár tó spówendre spræce gelæded.* Gu. 592.

lene lyf — Leben verleihen, geben: *lyf myʒt be lent so longe hym wyth-inne.* Pat. 260. Trotzdem den ae. Dichtern die Formel in derselben Fassung nicht geläufig ist, tritt doch ihre alte volksthümliche Lebendigkeit hervor in der sichtlichen Neigung, das dem Verbum *lǽnan* eutsprechende Adj. *lǽne* mit *líf* zu binden: *on þissum lǽnan* (nur zeitweilig zu Lehen gegeben, hinfällig) *lífe.* Gen. 1211; Kr. 109; Hy. 3⁵³; Ex. 268; *þät hi þis lǽne líf long gewunien.* Ph. 481¹¹; *he þis wâce forlêt líf þis lǽne.* Edg. 24. Me.: *hu mihte he leanen (lenen) líf to þe deade.* Stratm. 300. Kath. 1086; *lijf he has vs lent.* Curs. M. V. 23741; Haz.

Everym. 114. 20; Bod. a. S. 378; Lan. B. XIV. 39. XVI. 240. XVIII. 155.
Auch das verwandte *lende* ae. *lendan* (wohnen, bewohnen) alliteriert gern
mit *lyf: mare wroght efter þi wife, þan efter me þat lenl þe life;* L.H.R.
III.78; Theo.795; Lud.C.XXIII.216,1; *Langer in þis life may he noght
lend.* L.H.R.III.218; Curs.M.V.28258; Ell.R.I.M.Arth.395,11.

lese lyf — das Leben verlieren: *þe lyst lese þy lyf, þe lette
I ne kepe.* Gaw.2142. Ae., As., Mhd., Afrs., cf. Regel. p.240. Me.: *His lyf
wer loste an-rnder mone.* Pea. 392. 774. *þere many thosand lesis þer lijf.*
Curs.M.V.6.7499. etc.; Lan.A.III.275; Rich.R.III.309; Des.5764.7190;
S. S. 892. 899. 1022. etc.; Bok. 1. 719.V. 56.VIII. 1023; Gow. 1. 95, 8.
149, 21 u. 22. etc.; Au. 1, 11; Bar. L. II. 702. XVII. 92. XL.1193; Al.
(Laud. 622) 747; Skr. 11, 6; Lan. C. XV. 63; Am.a.A.1080; *the losse of
your lynes & your ledis all.* Des. 7971; S. Ball. 11, 24. 18, 22 — *lur of
lif* Verlust des Lebens: *lest lur of my lyf, quo laytes þe sope.* Gaw.355.
Ae.: *ne lifes lyre ne lådes cyme.* Ph. 53; Gü. 801. Me.: *What lure is of
my lyfe & I lyffe here.* Des.581.2174.8014.7190.

loue lady — eine Frau lieben: *a lady to be loued, loke to
hir sone.* Clan. 1059. 1434; *þe lady for luf let not to slepe.* Gaw. 1733.
1927.2054.2497; *leuedis he luued of rncuth lede.* Curs. M.V. 8994; Lan.
C. XII. 160; Am. 4: *we auʒt for our leuedi loue hold wiman to riʒt.*
L.d.Fr.231.131; Spec.VIII. 31, 1; *þe lady of love longe loue gan seche;*
L. H. R. App. 1. Dispute. 320; Sat. S. XII. 59; P. Fol. III. W. Stew.a.
John. 3.

louy lede — einen Mann lieben; *loued in lede* — beliebt
beim Volke: *ʒe ar a lede vpon lyue þat I wel louy.* Gaw. 2095. 540.
Vgl. die attributive Verbindung des As. u. Nhd.: *thinun liobun liudiun*
(deinen lieben Leuten). Hêl. 492. Me.: *luued and lele, and loued in lede.*
Curs.M.V.4040.10165.

luvy lyf — das Leben lieben: *þou luvyeʒ þy lyf (loth) in
þyse woneʒ.* Clan.841. Gaw. 1780.2368. Ae., As., Mhd., Laʒ., cf. Regel.
225. Me.: *ever ich have yloved þe As mi liif and so þou me.* Z.16.4—15.
Orf. 121. Al. (Laud. 622) 147. Pen. o.W. 13; Merch. 8; Ell.R.II.Otuel.
331, 6; Lan.B.XVII.216.224; S. S. 1384.2866.etc.; Am. LXIX. 4; Lyn.
IV. Est. 317. 4236; Rob. H. II. 322, 4; P. Fol. III. Adam Bell etc. 56.
— *Gramercy, myn hert, my love, my lyff.* Lud.C.XII.122,31; Bes.52,19
— *His lyf þat wes so lef.* Ber. 165; *lef liif.* Z.21.8.Orf.100.

louue lorde — den Herrn lieben: *I louue þat ilk lorde þat
þe lyfte habbeʒ.* Gaw.1256. *In ure lauerdes luue þe is feader of frumschaft.*
Jul. 2, 1; *luuiende lauerd.* ib. 33, 7. Pl.Cr.782.

make mone — Klagen ausstossen, trauern, wehklagen:
To Mary made his mone. Gaw. 737. Eine Wortbindung, die im Me.
bekanntlich nicht minder beliebt war als der Ausdruck für den begrifflichen
Gegensatz *make merry;* beide Wendungen finden auffallenderweise im
Ae. keinen Anhalt. *Mary had mad here mone.* S.A.L.b. II. 1a. 77.136;
ib.b.II.2a.149.153.777, ib.II.3b.156.449.etc.; S.A.L.a.Beil.II.B.217;
Misc. App. III. 233; Spec. XXIX. 86, 25; L. H. R. VIII. 3. 239. etc.;
in mynd makand my mone. Erc. 26; Med. 124; Al. 32. 127; Curs.M.V.
10475. 4346. 18074; M. Mar. 152; M. M. Hom. I. 9; Min. II.27.35.etc.;
Gow. I. 183, 13. 298, 6. etc.; Ell. P. II. 31, 4. 32, 12; *Why thow makes
all this mon.* S. S. 575; Ell.R.III. Ipom. 226, 1; Cel.395; Theo.II.476;
Lud. C. XVIII. 182, 18; Oct. 383; Tria. 162; Lyn. II. Mon. 5486. ib.
Dreme.354; Gol.a.G.796.

mete a mon — einen Mann treffen: *mete wyth menske þe
mon on þe flor.* Gaw. 834. 1932.1061.1592. *He met a man, was wonder
old.* S.A.L.a.Beil.II.B.263; S.A.L.b.I. 5. 774; An. 6, 30; *þan he met*

9

— 66 —

with a mon of the mayn kynges. Des. 13571; Lan. B. XVI. 172; Pl. Cr. 100. 269; Curs. M.V. 4100. 15202; Min. II. 27. VII. 63; Bar.B.VII.235; *men monly him mete.* Av.XXXVIII.5; Gow.III.193,18; Gowth.68.

marre mayden — ein Mädchen schänden: *maydenez vnmard for alle men zette.* Clan. 867. *for he ne mahe ze nawt don me bute hwet he wute peanien ow to muchelin mi mede & te murde þat lid to meidhades menske for euer so ze mire merrid me her.* Jul.18,9.10; *he walde merrin hire meidhad.* Stratm. 342. Marh.4; *a maide marreth me.* Spec.VII.29, 7.

se a selly — ein Wunder sehen: *I haf sen a selly, I may not for-sake.* Gaw. 475; *a selly in sizt summe men hit holden.* ib. 28. Ae.: *sidum sellic ic seah searo hweorfan.* Rä. 33³. As.: *sehan selddik thing.* Hêl. 5909. 5680. Mc.: *In Pathmos als pe angel brycht schawyt hyme ful sely sycht.* Bar.L.XXIV.74. Weit häufiger tritt im Mc. an die Stelle von *selly* das Adj. *seleud: pe selcoupe sizt.* Stratm. p. 435. Will. 2329. Vgl. auch ebendort das Compos. *seldsene.* An.: *sialdsenn.* Me.: *seltsene.* Stratm. II. M. 27.

telle typyng — Zeitungen erzählen, Bericht erstatten: *What typynge ne tale tokened po drazles.* Clan. 1557. An., Ne., Laz., cf.Regel.p.244.245. Me.: *Ne neuer þu ne bi-gynne to telle pine tipinges.* Misc.Prov.Alfr.T. 1. 416; Misc. XXIII. Death. 11, 12; Horn. 130. 1006; S.A.L.b.II.2.487; S.A.L.a.Beil.II. B. 875; R. S. 71, 3 u. 4; Lan. B. XIX. 338; Al. 417; *may ran ham tipand to tell.* Curs.M.V. 3322. 3847. 4087.6530.etc.; Engl.Stud.Is.81; Gow.II. 7, 18. 47, 22. II. 255, 4.etc.; Bar.B.IV.468.VI.466.etc.; Gen.6619.etc.; Tria.156; Lud.C.Prol.15,29. XXVII.268. 12; Lyn.III.Meldr.720; Haz.I.Hicksc.159,10 u.s.w.

wedde wyf — ein Weib heirathen: *I haf wedded a wyf.* Clan. 69; *py wedded wyf* ib. 330. *pat pe wolde wedde vnto hys vyf.* Pea.772. *he weddutte his wife, wlonkest I wene.* Ant.LIV.7; Leb.J. 401; Curs.M.V.3216; Lud.C.X.100,1.XII.118,24; Lai.1.F.32.310; Au.4,25; Gow. III. 278, 21; Bar. L. XII. 11; Pas.o.P. 135, 23. *wedded wijf* angetrautes Weib: Curs. M.V. 8350; Merch. 86; *borne he was of wedyt womane.* Bar. L. XXIV. 20. — *iwedded to wif* zum Weibe genommen. S.Jul.68; *pou hast wedded to wif, wlonkest in wedes!* Sus.186; Gow.I. 100, 25; Oct. 1402; Lud. C. XII. 122, 18; Bar.L.XXVIII.145; Lyn.III. Meldr. 1572.

welde weppen — Waffen tragen, führen: *Alle pat weppen myzt welde, pe wakker & pe stronger.* Clan. 835; Ae.: *pá hwile, pe hi wæpna wealdan mósten.* By.83.272.168; B.1509; *penden hie pâm wæpnum wealdan môsten.* B.2038.Me.: *A styffe body one a stede wapynes to welde.* Per.20; Deg.271; Gen.4816; Oct.1311; Ant.XLV.3; Av.14; Gowth.78. 140; *nane left that mycht wappnys weld.* Bar.B.XI.97; Ell. P.II.38,12; Gol.a.G.7.820; P.Fol.II.Guy.a.Colebr.107.

welde worlde — die Welt regieren, beherrschen: *þay schal welde pis worlde & alle her wylle haue.* Pat. 16. Ae.: *under swâ same eallra gesceafta weorulde walded.* Metr. 24³⁴. 29⁷⁷. *wuldres wealdand* (Herrscher der Welt) ist eine der ae. u. as. Poesie geläufige Benennung Gottes und Christi; *Him pæs liffrea wuldres wealdend worold-âre forgeaf.* B. 17. 183; Andr. 193. 539; As.: *thôh he si kuning obar al, erdun endi himiles, endi obar eldeô barn, weroldes waldand.* Hêl.409. Der Ausdruck erhält sich bis ins Me.: *worldes wealdent.* Jul. 31, 6; *pat wissed ant welded al pat is on worlde.* Jul. 4, 7; *he that al thys wordle welde.* Shor. 117, 22; Curs. M.V. 25445; Ell. II. R. Guy o. Warw. 79, 20; P. 22, 8. Egl. 325.

wynne wele — Reichthum gewinnen: *Where ze wan pis ilk wele, bi wytte of hor seluen?* Gaw. 1394. Ae.: *hi wilniad welan and æhta and weordscipes gewinnan.* Met. 19⁴⁴. As.: *habda mêdmô filu welóno*

gewunnan. Hél.3294; sie letun im mér at hús welóno giwunnan. ib.3774.
Me.: pus haue ʒe wonnen werldes wele. Min.VIII. 16; Ant.XXI. 4. Vgl.
auch die Verbindungen von welde, das im Ae. nicht zu belegen ist, mit
wynne: wanen her on werlde welpe to winnen. Misc.Prov. Alf. T. 2, 152;
L.II.R.VIII. 415. III. 284. ib. App. I. Fest.o.th.Ch. 51; Gow. I. 39, 7;
Ch.o.B.I(,5.

wynne worchip — Ehre gewinnen: wayned hom to wynne
pe worchip per-of. Gaw. 984. Ae., Laʒ., cf. Regel. p. 245. 246. Me.:
That mykell worship wan witnes ye of story. Des. 1488. 3972. 655.725.
810. etc.; Lan. B. III. 348; Crow. K. 67; Curs. M.V. 2488.20021.24709;
Ye win no worship at this wall; Ell.R.I. Merl.387, 16; Ell.P.I. 260, 18;
Rat.R.2412; Gen.6041; Bar.B.VI.332; E.T.426; Ben.445; Ant.XXI.4;
Bes.78, 4; P.Fol.I.Scot.Feilde.16; ib.Eg.a.Grinc.648.u.s.w.

a wonder to wene — wunderbar zu glauben: Hit were a
wonder to wene, ʒif holy wryt nere. Pat. 244. Ae.: wendon peah wundrum,
(durch ein Wunder oder auf wunderbare Weise) pá hyra waldend fór of
lichoman. Cri. 1186. Me.: Hye dredep of him so, pat wonder is to wene.
Tri. 3196.

worche wylle — den Willen thun: I wolde yowre wylnyng
worche. Gaw. 1546; My wreched wylle in wo ay wraʒte. Pea. 56. Goth.,
Ae., As., Laʒ., cf. Regel. p. 245. Hofm.p. 26 u. 59. Ahd.: dinan willeon-
wurchanne. Wes.15.Mnd.: unde darna wolde he komen yn dat land unde
werken al sinen willen etc. Sch. u. L. V. 716 a. 26—28. Lüb. Chr. 2, 19.
Afrs.: cf. Heyne. 273. Me.: 1) Copulativ gebundene Wendungen: his
werkes and his wille. Misc. II. Mor. Ode. 111; Curs. M. F. 16851.22514;
Am.a.A.152; Haz.II.Dis.Ch.310, 17. 2) Transitive Wendungen: werchin
Godis wille. Misc. Prov. Alfr. T. 2. 156. 325. etc.; Jul. 10, 11. 20, 13.
34, 15. etc.; Tri. 1715; Curs. M. V. 1229. 407. 1753. etc.; Bek. 1855;
Theo. H. 294; Ben. 651. 746. 884. etc.; Lud. C. V. 52. 8. 53, 30. etc.
3) Adverbiale Wendungen: I may noght be wroght at oure will. L.H.R.
III. 108; Curs. M. F. 10324; Haz. I.W. a. Ch. 257, 17; worcheth bi wille.
Lan.B.IV. 70; work after my will. Ell. I. P. 366, 2; Sat. S. XII. 59, 2;
Ben. 1000; yeynes pi wille wrauht. Misc.IX.Serv.Chr.7.

worche worlde — die Welt schaffen: alle pys worlde hatʒ
wroʒt vpon. Pea. 824. Gott heisst worcher of pis worlde (Schöpfer der
Welt). Clan. 1501. Ae.: mid anwalde pinum ágenum weorulde geworhtest
and wuhta gehwät. Met. 20²⁴. Me.: he al pis werld wroght. Curs. M.V.
346.846.5578.9391.21636.etc.; Rob.H.I.162, 22; Lyn.IV.Est.1249.

worche wunder — Wunder thun: pat watʒ a palayce of
pryde passande alle oper bope of werk & of wunder (Werk und Wunder)
& walle al aboute. Clan. 1389. 1390. Ae.: ic mäg mid handum swá fela
wundra gewyrcean. Gen.280.2572 2573; Men.127; Ps.77¹³; El.827.897.
Ps. 70¹⁸. 77¹⁴. 85⁹. 87¹⁰. wunder-weorc cf. Hofm. p. 82. As.: só ward sán
aftar thiu wundartékan (Wunderzeichen) giwaraht. Hél.5662; Thuo ward
thár an middian day mahtig tékan, wundarlík giwaraht. Hél.5624. Mhd.:
dá wart groz wunder geworht von der guoten recken hant. Lex. III. 988.
Bit.10752; wunder würken, wirken (vgl.nhd. „das hat Wunder gewirkt").
M. u. Z. 3, 591 b. 29. 30. Nib. 226, 4. 228, 3. En. 7374. 8854. Me.: god
for hire wondres dop worche. S.!A.L. b. I. 1. 229. ib. 5, 62; Jul. 64, 8;
Curs. M. V. 1529. 2200; Lud. C. XLI. 389, 6; Gow. III. 129, 3; Bar. L.
XXVI.892.XXXI.730; Lyn.III. Meldr.22.155. Adverbialische Wendung:
Hit is wonder wele y-wroht. Spec. IX. 36, 11. Wunderwerk: maked of a
wonder werk. Al. (MS.Vern.) 106; S. S. 1881; Bar.L.XLI.302; Lud. C.
XXX.305, 9; wunderbares Werk: wondirfull werkis. Rich.R.Prol.18.Lud.C.
XXXIV. 331, 16; XXXVIII. 370, 20.

wordeʒ warpe — Worte äussern, reden (hinwerfen): *With þis worde put he warp, þe wrake on hym lyʒt.* Clan.213; Gaw.224.1423; Pat.356.Ae.: *þær he þin ne mäy word áweorpan.* El.771; *oft hi wordum tóweorpad, ær hi bacum tóbredon.* Gn. Ex. 191. An.: *urpuz á ordom* (verba inter se jaciebant) Egilss.869; *verpa ordi á e-n.* (alloqui aliquem). ib. Vafþr. 7. Me.: *thar after warp a word longe.* O.a.N.45; Curs.M.F. 24104; Des. 2481. 2519. 3890. 4986. 5071. etc. sehr häufig in diesem Gedichte. Lan.A.X.33; Rel. A. Fortune. 9; *wightly thies wordes warpit hom to.* Des. 2761. 4151; *warpit out wordes.* ib. 5071.

spenne sporeʒ — Sporen anschnallen, anspannen: *His gold sporeʒ spend with pryde.* Gaw.587. *spenne* = an. *spenna* mhd. *spennen*. Mhd. *spannen*, das nicht genau me. *spenne* sondern *spanne* entspricht, bindet sich zu derselben Formel. An.: *spenna hinn hæsta galga, at sporna gálga.* Egilss. 766. Eb. 20. Mhd.: *zwêne goldine sporn het man ir an gespannen.* M.u.Z.2.2.517b.En.60,32.

B. Gemischte Sprachformeln.
Abtheilung II. I.

dysche and dobler — Schüssel und Schale: *A dysche oper a dobler þat dryʒtyn oneʒ serued.* Clan.1146.1279. *dishes a(nd) dobleres.* Lau.B.XIII. 81. Ne.: *To have nothing in dish nor dubbler.* Seitz.I.39b. Prov. Phr.

fox and fulmarde — Fuchs und Iltis: *þe fox & þe fulmarde to þe fryth wyndeʒ.* Clan.534. *A fox and a fulmarde.* Rel.A.Burlesques. I. 81; Lyd. 155, 23.

fornes, fyr — Ofen, Feuer: *a furnes ful of flot þat upon fyr boyles.* Clan. 1011. *biwistest unweommet from þe ferliche fur of þe furneise.* Jul. 32, 8.

golde and garysoun — Gold und Kostbarkeiten: *much of þe garysoun oþer golde þat þay hauen.* Gaw. 1255. 1837. Die alte Formel *gold and gaersume*, welche Regel. p. 187. 188 für das An. und Laʒ. behandelt hat, blieb germanisch bis in die Mitte des 13. Jahrhunderts: *Wiþ þe gold and his gersome.* Flor. a. B. 205. 206. Dann drang zwar für das germanische *gersome* das romanische *garisome* ein (*g. & pisse garisome.* Flor. a. B. MS.V. Cotton. Vitell. D. III. aus der 2. Hälfte des 13. Jahrhunderts; MS. T. Trenthamer hs. hat *garyson*), jedoch erhielt sich die lebendige Kraft der Verbindung bis über die Mitte des 14. Jahrhunders hinaus im Volksbewusstsein.

helme and hauberghe — Helm und Brustharnisch: *I haue a hauberghe at home & a helme boþe.* Gaw. 268. 203. Das germanische Vorbild dieser Wendung, wie es uns im Mhd. erhalten ist, fehlt im Ae. Mhd.: *helm halsberc unde swert, iserne hosen unde schilt.* M. u. Z. 1. 160a. En. 12182. 160b.W.Wh. 410.22; ib.W.Wh.4423.Me.: *no helmys, ne hawberghes, ne no hard shildes.* Des. 6184; *helm and hauberc on him pai did.* Curs.M.V.7521; Ell.R. II. Guy o.Warw. 172, 2; ib.Rich.C.d. Lion. 268, 3; *helm and briny, and hauberjoun.* Ell.I.R. Merline. 256, 3; Am.a.A.2464; Bar.B.XI.131; Haz.Hicksc.149,3; P.Fol.I.Eg.a.Grine. 426; P. Rel. Sir Cauline 105; *with helme vpon head, with halbert bright.* P.Fol.II.Guy a.Colebr.8.146.

kyst and cofer — Kiste und Koffer: *Her kysttes & her coferes, her caraldes alle.* Pat. 159. Mhd.: *kiste u. koffer.* Schulze. B. 49. 156. Fierrabr. 253. Me.: *Kistes and cofurs bothe ther stode.* Am. XLIV. 10.

lampe, lyȝt — Lampe, Licht: *In-mony þe leues of þe lampes wer graypeđ; & oþer louelych lyȝt þat lemed ful fayre.* Clan.1485.1486; *lyȝt of a lau[m]pe, þat lemed.* Gaw.2010. *Wachith me besily wyth youre laumpys and lithtis.* Lud. C. XLI. 392, 19. Ne.: *A lamp unto my feet, and a light unto my path.* Script.Seitz.I.p.41 b.

Abtheilung II. 2.

dred and daunger — Furcht und Gefahr: *In dryȝ dred & daunger, þat durst do non oþer.* Clan.342. *out of daunger & drede deliuer me.* Des.628.1528. 2066. 2659. 8150; Gol. a. G. 948; *dredefull daunyers.* Cyt.a.U.LVI.12.

grene, gay — grün, geputzt: *þe gordel of þe grene silke, þat gay wel bisemed.* Gaw.2035.167. *a garden greene & gay.* P.Fol.III. The Rose o. Engl. 1. Ne.: *greene things are gay.* Seitz.I.p.30a.Prov.

clene and cler — rein und klar: *Ful clene watȝ þe countenaunce of her cler yȝen.* Clan.792; Pea. 227. 737. *Fader! he seide, make me cler and clene.* Leb. J. 570; Hamp. 6396. Seitz. II. p.19 a. Prov.Sim.

merþe & mynstralsye — Fröhlichkeit und Gesang: *with merþe & mynstralsye, wyth meteȝ at hor wylle.* Gaw. 1952; *Sippe was schewed hem bi murþe and munstralsy.* S.A.L.b. II. 9, 221; Lan.A.III. 11.98.XI.35.etc.; Am. a. A. 103. 104; Lyn. Meldr. III. 1569; fröhlicher Gesang: *Ne the melodé, ne the myry minstrasye.* Au. 26, 8; Oct. 201; *mery mad with mouth & menstra[l]sy.* Bar. L. XLIII. 25. 26; Sänger, Fröhlichkeit: *ȝe mynstrelle of myrthe, blowe up a good blast.* Lud. C. XVII.161, 19; Lan.A.Prol.33.III.213.

mete & mynstrasy — Bewirthung (Speisen) und Gesang: *with menske, & with mete & mynstrasy.* Clan.121; Gaw.484. *There lacked nothing, verily, of rich meats, and minstrelsy.* Ell. R. II. Bcves. 149, 1; Lan.A.XI.39.

myȝt, merci — Macht, Gnade: *his myȝt & his merci, his mesure penne.* Pat. 295; *purȝ myȝt of þy mercy þat mukel is to tryste.* Pat. 324. *all cristenmen may se þi might and þi mercy.* Theo. H. 424; Lud.C.VIII.76,6; Bar.L.XXIX.60.

pyne, pryson — strafen, quälen, Gefängniss: *pynes me in a prysoun, put me in stokkes.* Pat. 79. *put you in prison, pyne you to dethe.* Des.12344. *dreihen hire into darc hus & prisunes pine* (Gefängnissqual). Jul. 30, 8. Gefangenschaft und Qual: *oft haf i herd o prisuning tell and o pine.* Curs.M.V.19667.

ryol, ryche — königlich, reich, kostbar: *þat ryol red cloþe, þat ryche watȝ to schewe.* Gaw.2036.905; Clan.786; Pea.919; Clan.812. *þat ryche in gret rialté rengned his lyue.* Clan. 1321; Des. 5361; *alle his knytis to hir medis weren riche and ryall wedis.* Ell. P. I. 32, 4; Bar.B. XIII.30; Gol.a.G.887; Lyn.II.Test.o.th. Pap. 578; Sus. 29; *Thay flow in riches, royallie, and delyte.* Lyn. IV. Est. 2752; ib.II.Test.o.th.Pap. 850; P.Fol.III. Lib.Discon.1646.1515; Ell. P.I. 370, 8; Rel. A. I. An. Hon.to Lond.205.

solace & songe — Trost und Freudengesang: *þer watȝ solace & songe wher sorȝ hatȝ ay cryed.* Clan.1080. *þis kniȝt heo gonnen afonge, and him yn mid ioie nome. of solace & of songe.* S.A.L.a.IV.a. 526; *songe a songe of solas.* Lan. B. XII. 151; Gol. a. G. 1055; *songs to solace young Nimphes vpon holydayes.* P.Fol.III.Songs o.Shep.3.

Abtheilung II. 3.

care and combraunce — Sorge und Kummer: *in þe contraré kark & combraunce huge.* Clan. 4. *care* steht ae. *cearu* gegenüber, dagegen ist *kark* vom gälischen *carc* abzuleiten; beide Wörter haben aber dieselbe Bedeutung. Obgleich nun die Bindungsform der Clan. vereinzelt dasteht, sei dieselbe doch hier erwähnt, da sie jedenfalls einer rein germanischen Formel ihren Ursprung verdankte, welche noch im As. zu belegen ist: beklagen und betrauern: *karôda endi kûmda iro kindes.* Hêl. 2185. 5013. Mc.: *With care for to come & cumbrans to all.* Des. 7180. 4836; Lan. B. XVIII. 265; *þou ert cumbred all in care.* Min. VII.120; Lan.A.I.170; Bar.T.II.862; Lud.C.XXVII.265, 7; *thay depart frome cair and cummer.* Lyn.II.Mon.5143.5311.

fykel & falce — unbeständig und falsch: *þa૩ I be fol & fykel & falce of my hert.* Pat.283. *in þis false fikele world so me led and steore.* Misc. XXIX.A Pray.t.o.Virg.30; S.A.L.a.I.394. Spec. XXXIII. 93,18. VIII.31,27; Lan.B.II.25.40.129; S.S.986; Cl.M.25.28; Curs. M.V.786.ib.F.1571.9018.14378; Dros.u.N.22.38; Bod.a.S.14; Tria.20; P. S. 214, 2; *þat ay is totyre, fekil & fals;* Bar. B. XXVIII.42; Lud.C. XXXVI. 355, 19.

greme and greue — ärgern (zornig machen) und kränken: *gremed perwith þe grete lord & greue hym he poȝt.* Clan. 138. *he groned for gref & grame* (Leid und Zorn). Gaw.2502; *agreued for greme he gryed withinne.* Gaw. 2370; *neuer serued grefe ne grame.* Curs. M. V. 8405; *myche greuaunce & grem to þe grekes did.* Des. 6542. 6778. 6982; *Than was oure Lord wrothe and grevyd with grame.* Lud. C. Prol. 2, 26; *God for to greve and of him be gramyd.* ib.XIII.141,12.

grone, greue — stöhnen, (seufzen), bekümmert sein: *he groned for gref & grame.* Gaw.2502. *quen he gronyed, þenne greued mony.* Gaw. 1442. *with gronyng & gref for þere gret angur.* Des. 10663. 13957; *groaning Grief hath ground forth tears.* Ell.P. II. 90, 9; *grievous grone.* Urs. 94, 2.

cry and calle — rufen und flehen: *calle wyth a hiȝe cry.* Clan. 1564. Diese gemischte Formel ist für die germanische *clepe and calle* eingetreten. *He fel adoun among hem alle and gon to crye and to calle;* S.A.L.b.I.Ambros.290; ib.b.I.6, 347.ib.II.1a.544; ib.II.2a.599; ib. II. 7, 335; Psalm. CXXX. 25, 12. Curs. M. V. 5718. 7341.9610.etc.; M. Town. M. 64; Pen. Ps. 21, 5. 28, 17; Ben. 352. 122; Theo. II. 435; Lud.C.VIII.93, 27; Lyd.73,19.227,2; Haz.Thers.412,7; S.Ball.16,17.

lust & lecherye — Lust und Wollust (Ausschweifung): *his Empyre he haldes In lust & lecherye & lopelych werkkes.* Clan.1349.1350. *ouercumms al lust o lecheri.* Curs. M.V. 10046.3391.27922.27997; Gow. II. 163, 2. III. 267, 24; Bar.L.XVIII.452.XXXII.210.etc.; Haz.Everym. 134, 20; *lecherie and lustes.* Lan. C. XIX. 36; Rel. A. Poem. o. th. s. *deadly sins.* 137; Curs.M.F. 10046; P. Fol. I. Merl. 856; *lecherous lust.* Haz.Calist.a.Melib.60, 23.

resoun and riȝt — Recht und Gerechtigkeit; *riȝtful & resounable* — rechtschaffen und gerecht (vernünftig): *in resouneȝ of ryȝt red hit my seluen.* Clan.194. Pca. 665; *riȝtful wern & resounable & redy þe to serue.* Clan. 724; *þou in reysoun hatȝ rengned & ryȝtwys ben euer.* ib.328. *ryght and reson.* Lan.C.XXI.398; Rich.R.III.315.etc.; Curs. M.V. 15736; Min. X. 27; Des. 8935; Au. 13, 18; Gol. a. G. 189; *gaf me wit resoun right;* S. A. L. a. Beil. II. R. 777; Spec.VIII. 33, 1; Curs. M.V. 8515. 10265. 11494. etc.; Lud. C. XX. 191, 29; Patr. 46, 6; Ben. 639; *fro riȝtfull resoun robbed and rased.* L.II.R. App.Fest.o.th. Ch. 176; Lan. A. I. 52; *reisonable ne rect.* Lan. C. IV. 369. ib. VII. 33. XVI. 281.

wake & wayte — wachen und beobachten: *ay wakes & waytes, at wylle hatȝ he slyȝtes.* Pat. 130. *On all wise to wacche & waite on hor fos.* Des. 10748; Gow. I. 163, 6.

spie and spurye — spähen und spüren: *ʒe hun spied & spuryed so specially after.* Gaw. 2093. 901. Das germanische Vorbild, dem diese Alliterationsformel ihren Ursprung verdankt, begegnet uns im Mhd.: *her trat ir nach mit spurender spê.* M.u.Z. 2. 2. 517.34.35. md. ged.86.75. Me.: *spir and spi.* S.A.L.a.Beil.II.B.872. *spure and aspye.* Lan. C. IV. 109; *I will send a man in Carrik, to spy and speir our kynrik, how it is led, and freynd and fa.* Bar.B.IV.553.

Abtheilung II. 4.

hurte and hele — verwunden und heilen: *þe hurt watʒ hole. þat he hade hent in his nek.* Gaw. 2484. *Cupido, which may hurt and hele in loves cause.* Gow.III.367, 19; Ben.1327.

cumfort, care — Trost, Sorge: *colde watʒ his cumfort & his care huge.* Pat.264; Gaw.1254. *kneu comforth suld com o care.* Curs.M.V. 3478; Lan. B. II. 50; Crown. K. 2. 8; Theo. II. 174; Curs. M.V. 24384; *of paire confort has he kare* ib. Gal. 27681; *A! hoo xal comforte oure carefulnes?* Lud. C. XXIV. 227, 2; Curs.M.App. I. 23088. Ne.: *Children are certain cares but uncertain comforts.* Seitz.1.31.b.Prov.

longe & large — lang und breit; *largesse & lenþe* — Länge und Breite: *Watʒ longe & ful large & euer ilych sware.* Clan. 1386; *þe largesse, & þe lenþe, þe liperneʒ alse.* Gaw. 1627; Clan. 314.1386. *of lengt & largeness louely to see.* Des. 318; *He caste the pakk downe in the flore, Longe and large, styfe and store.* Merch. 234; Des. 3805. 3855. 3864. etc.; Lan.B.XVIII. 45; Lyd. 19, 27; Ell. P. I. 293, 11; Ch.o.B.5, 6; Gowth.416; Pas.o.P. 180, 2; Rob. H. II. 7, 2. P. Fol. II. Guy o. Gisb. 2.

Abtheilung III. I.

bolde baroun — kühner Baron: *mony a baroun ful bolde, to babyloyn þe noble.* Clan.1372; *his bolde baronage aboute bi þe woʒes.* Clan. 1424. Das germanische Vorbild der Formel war: *burne bolde. beryns balde bothe alde and ʒonge.* Erc. 427; *my baronage bolde.* Des. 232.324; *bold baroun.* Tri. 7; Des. 1046; Curs. M. T. 8070; *barnage sa bald.* Curs. M.V. 8334; Ell. R. Guy o. Warw. 94, 2; Am. a. A. 73. 78; Tria. 585. 1375. etc.; Gowth. 552; Bar. B. II. 478; Bes. 6, 5; Lyn. III. Meldr. 1056; Minst. 340, 12; Kin. 219, 5; Rob.H. I. 146, 15; P.Fol.II. Egl. 72. und öfter in den Romanzen bei Percy.

bryʒt baner — schönes Banner: *Wyth mony baner ful bryʒt þat þer-bi henged.* Gaw.117. *baners bryght in sladus slongon.* Gowth.575; Bar.B.VIII.229.XII.444; Lyn.III.Meldr.1106.ib.II.Dreme.70; P.Fol. II.Bosw.Feilde.481.

brode baner — breites Banner: *brode baneres þer-bi blusnande of gold.* Clan.1404. *thair braid baners all displayit.* Bar.B.XII.412; Lyn.II.Test.o.th.Pap.477; Minst.337, 6.

depe doungoun — tiefer Kerker: *depe in my doungoun þer doel euer dwelleʒ.* Clan. 158. *He was done in depe dungeoun.* L.II.R.IV. 222; Ell.P.II.35, 11; Bar.L.III.215.XXVIII.376.XXXI.873; Kin.230, 13; Minst. III. 116, 7; Rob. H. II. 325, 2. 329, 8; Urs.238, 8.cf.Seitz.II.p. 18a. Prov.Sim.

dere drwry — theures Liebeszeichen: *ho hatʒ dalt drwry ful dere sum tyme.* Gaw.2449; *þat druri dere to bote of baþ our saule and life.* L. H. R.VI. 26; *þat druri dere* (nämlich das heilige Kreuz) Curs. M.V.21372.24668; Min.VII.126; L.d.Fr.23; Lan.A.I.85.

do͡ʒty duk — tapferer Herzog: *At vche a dor a do͡ʒty duk & dutte hem wyth-inne.* Clan. 1182. *doughty duke Naymes of Bavere.* Ell. R.II.Otuel.398,1; Des.84.5506.6079.6845.etc.; Rich.R.III.360; Deg. 1075; Gol.a.G.184.322.9; P.Fol.III.Death.a.Liffe.204.

fayr fryt — schöne Frucht: *þe fayrest fryt þat may on folde growe.* Clan. 1043. Das germanische Gegenbild der Wendung findet sich im As.: *wolda im thâr sô wunsames wastmes tilian, fagares fruhtes.* Hêl. 2545. Me.: *the fruits were fair the which did grow within my garden planted.* Ell. P. II. 102, 1; ib. 76, 17; Lud. C. V. 51, 6. III. 31, 25. IX. 79, 18; *of þat fare froyte etc.* Bar.L.VI.127.

falce fende — falscher Feind (Teufel): *þe fyrste felonye þe falce fende wro͡ʒt.* Clan.205. 1341. *false fendes entysement.* Sig. a.J. MS. Calig. 22; Des. 4429; Lan. A.VIII. 71.38; Stac.622; Bar.L.III.875.VI. 235.I.390.IX.106.XI.433 etc.; M.Town.M.35.

gracious god — gnädiger Gott; *godes grace* — Gottes Gnade: *þay þe gracious godes sunes schal godly be called.* Pat. 26; *god hym grace sende.* Gaw.1837; Pea.624.648.660.63. *gracyous God, groundyd of alle goodnesse.* Lud. C. Prol. 1, 1. IV.42, 18.V.51, 7.VIII.72, 12.etc.; Haz. Everym. 105, 18; *fild wital of goddes grace.* Curs. M.V.4264.4435. 5590. 6978. etc.; Lan. A. X.48; Rat.R.2874; Theo.H.362: Bar.L.V.3. VI.593.600.etc.; Lud.C.XXXVI.355,8.

kyngeʒ kourt — königlicher Hof: *kenly fro þe kyngeʒ kourt to kayre al his one.* Gaw. 1048. 2340; *Fyrst knew hit þe kyng & alle þe cort after.* Clan. 1530. *fram Kinges court to holi churche: wele wolde hit bicome.* Bek. 656. 1132; Lan.A.II.165.IV.32.B.XV.230; God. 29. Bok. o.C.645; Ell.P.I.270, 4; *hes boith kyng and court in gouernance.* Lyn. II.Test.o.th.Pap. 361; Minst. II. 70, 17; Kin. 97, 1; P. Fol. II. Boy a. Mantle.31.93.etc.

cortays knyʒt — höfischer Ritter: *Knyʒtes ful cortays & comlych ladies.* Gaw.539; *so cortayse, so knyʒtyly, as ʒe ar knowen oute.* ib. 1511. *curteisliche....kniht.* Lan. A. VII. 6; *the Montgomery was a courteous knight.* Minst. I. 41, 7. ib.II.148,11; P.Fol.I.Sir Lambew.93. Eg.a.Grine.20.75. und öfter in den Romanzen Percy's.

crafti clerc — listiger (kluger) Geistlicher: *koyntyse of clergye, by craftes wel lerned.* Gaw. 2447; *clerk y-cud that craftes con.* Spec. VIII. 33, 6; *an crafti clerc and wis o lare.* Curs. M. V. 22890; Lud.C.XXXI.308,11.

lege lorde — Lehnsherr: *ʒif my lege lorde lyst on lyue me to bidde.* Pat. 51; Gaw. 545; *lorde with your leue at your lege heste.* Clan. 94. *liege lord.* Crown.K.43.

alle maner of mynstralcie — Musik, Gesang jeder Art: *wyth alle maner of mete & mynstralcie.* Gaw. 484. *al maner menstraci.* Z.17.5—13.Orf.300.587; *all manere of mynstralsye.* Erc.260; Am.a.A. 103.104; P.Fol.II.Lib.Discon.1535; ib.III.Carle.o.Carl.465.

perle of prys — Perle von (hohem) Werth: *Perleʒ pyʒte of ryal prys.* Pea.193.746.272; *perle praysed is prys, per perre is schewed.* Clan. 1117. *Perlis priis & paruink is woman viis in eueri plas.* L. d.Fr. 144; Rich.R.I. 36; Gen. 2236; *peirles of prise.* Gol. a. G. 1290; *pryncis in place, peirles to prise.* ib. 1340.

prynce of pris — ruhmvoller, hochangesehener Fürst: *þat prynce of pris depresed hym so þikke.* Gaw.1770.2398. *Nabuchondozer, that prince proud of price.* P.Fol.III. The Fall o. Princes. 27. Meistens tritt das romanische *pres* afrz. *preis* für das germanische *prys* ein: *princes proude....in pres.* S. A. L. b. II. 10, 1; *pryncys prowde yn prees* (stolz auf ihre Ehre); Oct.1707; *prynces proved in pres* (von erprobtem Ruhm, Werth). Tria.969; Gol.a.G. 236. Vielleicht liegt auch in den folgenden

Stellen dieselbe Formel vor, und war die Kürzung des Vokales nur ein Irrthum des Schreibers, der die alte Form *pres* nicht mehr verstand: *proud princes in the presse.* P.Fol.III.Death.a.Liffe.203.52.77. Ebenso kann in der Stelle: *ye prynsis i-prest of the lawe.* Lud.C.XLI.384, 16; wo Halliwell einen Irrthum in der Handschrift annimmt und „*and prest*" setzen will, sehr wohl unsere Wendung versteckt sein. Dies scheint um so wahrscheinlicher, da *i-prest* nur in *i-pres* zu ändern wäre und weil auch nur Fürsten und nicht Priester hier angeredet werden.

prowde prynce — stolzer Fürst: *þe prowde prynce of perce & porros of ynde.* Clan. 1772. *of a prince proude in play listneþ, lordinges derc.* Tri.401.994; S.A.L.b.II.10,1; Am.a.A.168.495; Min.VII.110; Oct. 1707; Tria. 755; *to stroye þe prince of pride.* L.II.R.App.I.Fest. o. th. Ch. 315; *prince proude in pride.* Am. a. A. 1380. 1458; P.Fol.II. Lib.Discon.502.828.867.

ryche robe — kostbares Kleid: *his ryche robe he to-rof.* Pat.379. Gaw.862. *þe ryche robes, elde and newe.* Bod.a.S.53; Z.21,9. Orf. 79; Lan.B.II.15.XV.222; Ell.P.I.428, 8; Engl.Stud.Is.25; Curs. M.V.24466; P.Fol.Lib.Discon.2215.

rogh rocher — rauher Felsen: *þe rogh rocher vn-rydely watȝ fallen.* Gaw. 1432; *Bi mony rokkeȝ ful roȝe & rydelande strondeȝ.* Pat. 254. *roches full rogh, ragged with stones.* Des. 12559. Vgl. die ähnliche Verbindung bei Byron: *rude as the rocks.* Seitz.II.20a.

sadde semblaunt — düstere (ernste) Miene: *Wyth sadde semblaunt & swete of such as he hade.* Clan. 640; Pea. 211; Des. 2762. 3791; Lan.A.IX.112; *wyth debonayr & wyth sad semblanht.* Bok.V.94; Gol.a.G.428.

semly syre — edler, höfischer, stattlicher Mann: *Moni semly syre sone & swype rych maydenes.* Clan. 1299; *þat semly syre soȝt fro þo woneȝ.* Gaw. 685. *the semelyeste syre that may bestryde a stede.* Lud.C.XVII.161,9; Haz.I.W.a.Ch.244,11.

sesoun of somer — Sommerzeit: *After þe sesoun of somer wyth þe soft wyndeȝ.* Gaw. 516. *In the season of somer er the sun rose.* Des.2343.10632.Lan.A.Prol.1.IX.2; Sus.66.Vgl.: *As seasonable as snow in summer.* Seitz.II.p.20a.Prov.Sim.

werbelande wynde — wirbelnder Wind: *þe werbelande wynde wapped fro þe hyȝe.* Gaw. 2004. Mhd.: *die wint vart in ainer werbeln weise (var werbenweise).* Lex.III.925.Mgb.80, 22.

speche of specialté — vorzüglich, genau gehaltene Rede: *Alle þe specheȝ of specialté that sprange of her mouthe.* Gaw.1778. *werof to speke in speciall it is the vertue of pite.* Gow.III.190,6.206,18; *Heryght now my specyal speche.* Lud. C. XXXVI. 354, 2. Nur in alliterierender, aber nicht in grammatischer Bindung stehen die Wörter auch in folgender Stelle: *Ho profered me speche þat special spyce.* Pea. 235.

Abtheilung III. 2.

burnysh bryȝt — schön glätten (poliren): *þe bit burnyst bryȝt, wyth a brod egge.* Gaw.212. *his brenys, that burneyst were bryȝte.* Ant.XLI.9. L.8; Bok.I.458; Bar.T.343; Bar.B.VIII.225.XI.462.etc.; Rob.II.I.165, 20; P.Fol.III.Death.a.Liffe.172.

dyȝe with doel — vor Schmerz (Trauer) sterben: *al drawes to dyȝe with doel vp[o]n ende.* Clan.1329. *deye for dole.* Lan.B.VI.122; *for doel ded wol i beo.* Al.(MS.Vern.)468; Ael.724.

fayr of face — schön von Antlitz: *fayr of face.* Gaw.1260; *of face so fere.* ib.103. Clan.253: Gaw.1758. *þat was so goodlich & feir of face.* S.A. L. b. II. 5. 52. Al.(Laud.622)942; *Sweeter þe loue, feyrere þe face.* Bok. VI. 134. VII. 19. etc.; An. IV. 56, 14; Gow. I. 74, 18.

II. 46. 7 .etc.; Curs.M.V.4263.ib.F.5252; Bar.L.XVII.7.XXVI.91.etc.;
Egl. 924; Lyn. III. Meldr. 83. etc.; Gol. a. G. 1064; Urs. 112, 4. etc.;
P.Fol.I.Eg. a. Grine. 6. 1400. Ne.: *A fair face may be a foul bargain*.
Seitz.I.28.b.Prov.

hardi of hert and honde — kühn mit Herz und Hand: *his
hert & his honde schulde hardi be bope*. Gaw. 371; *hardy herte*. Chauc.
Lindn.p.333; Av.1.12; *hardy was of hart and hand*. Bar.B.I.28.XI.571;
P.Fol.III.Bosw.Feilde.563.

lelly loue — treu lieben: *lelly louy py lorde & his leef worpe*.
Clan. 1066; *lefdes] for her lele luf hor lynez han auntered*. Gaw. 1516.
He luffed him lely als him list. S.A.L.a.Beil.II.B.87; Curs.M.V.19269.
4040; Lan. C. IV. 31. XXI. 204.etc.; Rich. R. 57; *leyle luff and loawte*.
Bar. B. II. 516; Ben. 690; *in loue and in Loyaltye*. P. Fol. II. Lib.
Discon. 2060.

praysed in prys — gepriesen an Werth, Ruhm: *Perle
praysed is prys, per perre is schewed*. Clan. 1117; *praysed hit as gret
prys, pat he proued hade*. Gaw. 1630. 1850. *The Epiphanye I preyse in
prees. Whan pe kyngis clenly come*. L.II.R.App.I. Fest. a. th. Ch. 238;
The pris, which preised is algate. Gow. III. 190, 4; *beryth the pryce in
prees*. Tria.1692; *Ne so precious of prise to pay for vs all*. Des.7188. —
preued of prys von erprobtem Werthe: *pat myzt be preued of prys wyth
penyes to bye*. Gaw. 79. 1630; Pea. 272. *prynces proved in pres*. Tria.
969; Col. a. G. 236. Ne.: Shakespeare: *As you shall prove us, praise us*.
Seitz.I.24a.

proude of prys — stolz an Ruhm: *I am proude of pe prys
pat ze put on me*. Gaw. 1277. *Of prude hue bereth the pris*. Spec. VII.
30, 15: *horsses proud of price*. P.Fol.II.Lib.Discon.1400; *to Marke, pe
king, pai went wip kniztes proude in pres*. Tri. 57; Min.I.90; Am.a.A.
688; Sus.117; *dukes and earls proud in press*. Ell.R.II.Rich.C.d.Lion.
207, 2; Max.76; *mekill pride was pare in pres*. Min.VII. 45. 109; Tria.
730. 1623.

sitte in solace — in Freude, Vergnügen dahinleben
(in vergnügter Stimmung sein): *much solace set pay same*. Gaw. 1318.
A day he sat in solaz, and a lay peron (sc.harpe) drouz. M. Dun. 170.
set hym to solas, (sich dem Vergnügen ergeben) *as hym selfe likes*. Des.
2534; Lan.B.XVIII.217.

stabele a stede — ein Pferd in den Stall bringen; *stedes
in stable* — Pferde im Stalle: *stabeled his stede stif men in-noze*.
Gaw. 823; *Quo schuld his stede to stabulle haue*. Am. LIX. 1: *He sall
hafe stedes in stabill fedd*. Erc. 653; Engl. Stud. Is.14; Haz.I.W.a.Ch.
243, 7. Ne.: *When the steed is stolen, shut the stable-door*. Seitz. p.
36.b.Prov.

stonde in study — in Nachdenken versunken dastehen:
pat oper stif mon in study stod a gret whyle. Gaw. 2369. *stode stille in
a stodie*. Lan. A. XII. 61; Nic.202; P.Fol.I.Durh.ffeilde.2.197; ib.III.
S.Cawl.Copl.Edit.17,1; III.Bosw.Feilde.153; ib.S.Degree. 381; *Bessye
stoode studying in that place*. ib.III.Bess.1(3.

Abtheilung III. 4.

bugle blowe — die Trompete, (das Horn) blasen: *as burne
bolde vpon bent his bugle he blowez*. Gaw. 1465. 1913. 1141. Die ältere
rein germanische Wendung *blawen bemen*, welche Regel. p. 236 für das
Ae. u. Laz. behandelt hat, kann nur in der früh me. Zeit als volks-
üblich bezeichnet werden, denn im Ae. ist sie nur spärlich vertreten und
im 14. Jahrhundert gewinnt das romanische Wort *bugle* die Oberhand.
Hys bewgalle blewe he tho. Tria. 1089. 1092; Minst.II.70, 15.III.392, 14;

Bes. 40, 21. 77, 1; Lyn.II.Test.o.the. Pap. 539; P. Fol. I. Sir Liouell.
67.71; II.Lib.Discon.1605.
 diner dyʒt — das Essen bereiten: diner watʒ dyʒt & derely
serued. Gaw. 1559. Hys dyner shall he dyght. Rob.II. 1. 148, 12. 209, 1;
P. Fol. III. Carle o. Carl. 469; A goose they dight to their dinner. Rich.
C.d.Lion.197,12.
 gyue grace — Gnade geben: he gef hem þe grace to greuen
hym neuer. Pat. 226; Gaw. 920; Lan. C.VI. 100; If godd me gif grace
perfo. Curs. M.V. 4560. 1595. ib. G. 1833. 17093. ib.V. 3912. 6147.etc.;
Shor.55, 7. S.a. C. 53, 9; Haz. Jac. a. Esau. 264, 2. Weit geläufiger ist
den me. Dichtern die rein romanische Phrase: grante grace, die merk-
würdigerweise im Gaw. u. den Allit. Poems nicht zu belegen ist.
 up-cast a cry — einen Schrei ausstossen: þis cry watʒ
up-caste. Clan. 1574. Gaw. 64. Cast heo a Careful cri. Sus. 153; Bod.a.
S.482; Gol.a.G.953; P.Fol.III.Death.a.Liffe.212.
 keuer of care — sich erholen, Jem. befreien von Kummer:
Caraude for his costes, lest he ne keuer schulde. Gaw. 750; keuer comfort
& colen her careʒ. Gaw. 1254. cristen men aw þe forto couer of care.
Curs.M.Gal.28963; E.T.384; P.Fol.II.Lib.Discon.MS.Cott.491,3.Anm.
Das Verbum kann auch reflexive Bedeutung annehmen: Thus hath ys
yong men keuered care. Ch. o. B. 93, 1; Curs. M.V. 483; Am. XL. 3.
LXVIII. 10.
 rede resoun — Rath geben, Gründe angeben, gerecht
urtheilen: his resounʒ were redde. Gaw.443; redes by ryʒt & to resoun.
Clan.1633. Thys resoun wole the rede. Shor. 19, 25; Spec.V. 27, 8; Lan.
A.IV.5; he wil resoun suld be radd. Curs.M.Gal.27891.
 save sawle — die Seele retten: his sawle schulde be saved,
when he schuld seye heþen. Gaw. 1879. Curs. M.V. 2674. 28049. ib. Gal.
27655. etc.: Stac. 16. 420. etc.; Al. 15.; thar is nocht bot mercy ane to
saufe the saule. Rat.R.1619; Lud.C.VI.60, 6; Prol.3, 22.XXVIII.281, 8.
285, 26. etc.; Ben.102.502. etc.: Ch. o. B. 32, 2. 87, 4; S. a. C. 34, 3;
Lyn.V.Kitt. conf. 112; Haz. II. Youth. 36, 23; safare of sawlis, (Erlöser
der Seelen) ta me sone for-thinkand þat I haf mysdone. Bar. L. IV.171.
 set sege — eine Belagerung vornehmen, belagern: watʒ
þe sege sette þe Cete aboute. Clan. 1185. unbesett the towne about; and
till it a sege has set. Bar.B.IX.332.X.114.310.810: P.Fol.III.Seege o.
Roune 12. — sytte on sege auf einem Sitz sitzen; „Oure syre syttes", he
says, „on sege so hyʒe". Pat.93. Die Formel ist eingetreten für germ.:
sytte in sete. in paire segis for to sitte. Curs. M. F. 23058. vgl. Gol. a.
G. 651.
 telle of tryfles — Einzelheiten, Kleinigkeiten erzählen:
þat were to tor for to telle of tryfles þe halue. Gaw.165; talkkande bifore
þe hyʒe table of trifles ful hende. ib.108. of his trifuls to telle I haue no
tome nowe. Des. 43; Ben. 1797.

C. Romanische Sprachformeln.
Abtheilung II. I.

 lyouneʒ & lebardeʒ — Löwen und Leoparden: Clan.536.
S.A.L.b.II.a.31; Lan.B.XV.272.293.
 prestes and prelates — Priester und Prälaten: prestes &
prelates pay presed to depe. Clan.1249; Pat.389. ʒour faderes han ʒeuen
before to the prelatis and the prystis fore hom fore to pray. Au. 21, 19;
Lan.B.V.42.XX.228.etc.; Gen.356.6654: Lyn.IV.Est.2890.
 prestes and princes — Priester und Fürsten: Ych prynce,
vche prest & prelates alle. Pat. 389. The prestes and prynces gun hem

araye. Med. 476; Curs. M.V. 17601. 19136. 19605. etc.; Lud. C.XXVII.
268, 11. XLII. 401. 14; *Ysakar, prynce of prestys,* (Hohepriester) am J.
Lud.C.VIII. 71, 5. 73, 5. IX. 80, 27.etc.; Curs.M.V.16903; Hoc. 37, 1;
Lyn.II.Mon.3884.4053; Trag.274.

Abtheilung II. 2.

penaunce & payne — Busse und Strafe: *for þe penaunce &
payne to preue hit in syʒt.* Pat. 530. *payne* = afrz. *poine,* wofür auch
pine ae. *pin* eintritt. *in penance and in pyne ynouʒ: his synne for to
amende.* Bek.380; Curs.M.V.23031.

pes & pacyence — Friede und Geduld: *penne Dame pes &
pacyence put in per-after.* Pat.33. *pees and pacience.* Lan.C.XV.16.Ne.:
Peace and patience, and death with repentance. Seitz.I.p.34b.Prov.

pouert, penaunce — Armuth, Busse: *Dame pouert, Dame
pitee, Dame penaunce þe þrydde.* Pat.31. *piȝht vnder pouert and penaunce
to lyue.* Des. 8503. 8115; Lan.B.XI.254.XII.9.XV.265.etc.; Pl.Cr.111;
Au. 53, 21.

Abtheilung II. 3.

fals & fained — falsch und entstellt (erlogen): *fals fama-
cius & fained laweʒ.* Clan.188.*falset and fenzet.* Bar.L.IV.46.*freyndfully,
but falsset or any fenyeing.* Gol.a.G.1173; Lyn. IV. Est. 2305; *his ffay-
nings false & fflattering cheere.* P. Fol. III. Balowe. 9. 29; P. Rel. Lady
Anne Bothw. Lam. 11, 31.

Abtheilung II. 4.

vyse, vertue — Laster, Tugend: *In yow is vylany & vyse,
þat vertue distryeʒ.* Gaw. 2375. *Queþer þow to wyce or vertew draw.*
Rat.R.2192; Lyn.IV. Est. 1048; Rim. 38, 12; *vertwis and vicious thing.*
Rat.R.2196.2637. 2638. 2647; Haz. F. El. 4, 12. Ne.: *Vice makes virtue
shine.* Seitz.I.p.37a.Prov.

Abtheilung III. 1.

prynce with-outen pere — Fürst ohne Gleichen: *Hit
semed as he myʒt be prynce with-outen pere.* Gaw.873; *vche prynce hade
his per put to þe grounde.* Clan. 1214. *Welcome prynce withowte pere.*
Lud. C. XVIII. 176, 17: Tria. 755; *he[be] prince or princes peere.* P.
Fol.II.Triam.668.

solempne sacrefyce — feierliches Opfer: *þe solempne
sacrefyce þat goud sauor hade.* Clan.1447; *with Sacrifice solemne soghten
þere halowes.* Des.10948.13709.11448.11787.etc. Bar. T. F. II. 416.499;
solempily to do sacryfice ande to make oblacione wyth-alle. Bek. 325;
þe bodyes....buried....with solenite & Sacrifice suche as þai vsit. Des.
9615.10786.13103.

Abtheilung III. 3.

chaunce chaungeʒ — das Glück wechselt: *Suche a chaun-
gande chaunce in þe chef halle.* Clan. 1588. *Achilles by chaunse hade
chaungit his wille.* Des.10244. Auch als Prädikat und Object binden sich
die Wörter: *Fortune chaungithe nat hir chaunce.* Lyd. 58, 24.

chaungeʒ chere — die Miene verändert sich; *chaunge
chere* — die Miene verändern: *al chaunged her chere & chylled at
þe hert.* Pat. 368; Gaw. 2169; Flor.a.B. 1196; *he will noiþer change his
cher for lau man ne for hei.* Curs.M.V.16215; Bok.Christ.290; I.267.Gow.
III.212. 12; Rat.R. 2869; Lud.C.XII. 121, 29; Bek. 1346; Med. 11; S.
Ball.19.18; Tria.924; Minst.III.238,7; *non hym knew of alle þo, so chaunged
was his chere.* Al.(Laud.622) 780; S.A.L.b.II.1a.156.ib.b.176.439.

Abtheilung III 4.

cheue chaunce — das Geschick erfüllen, die Bestimmung erreichen: *he cheueʒ þat chaunce at þe chapel grene.* Gaw. 2103; *to acheue to þe chaunce þat he hade chosen þere.* Gaw. 1838. 1406. *Hit is cheuit the a chaunse of a choise febull!* Des. 8113; *ylke mane hase chevede payre chance.* Erc. 414, Ant. XXI. 9; *eche chevith with his chaunce.* Erc. 1) Ms. Bodl. Beil. 518.

Anhang.

Minder gebräuchliche und nur in den nördlichen und nordwestlichen Sprachgebieten verbreitete Wortverbindungen.

A. Germanische Sprachformeln.

Abtheilung I.

grayþed grayþely — fertig bereitet: Gaw. 876; Des. 12290. — *leue lemman* — theure Geliebte: Gaw. 1782. Curs. M.V. 24462. — *sped sped* — in Hast eilen: Gaw. 1444. Bar. L. II. 523. Gol. a. G. 112. 25. — *teche, token* — Zeichen, Merkmal: Clan. 1049; Gaw. 2488. 1527. Curs. M.V. 18423.

Abtheilung II. 1.

burne, bent — Mann (Krieger), Feld (Kampfplatz): Gaw. 2338. Des. 10424. 12603; Gol. a. G. 637. 688. — *fowle, fyþer* — Vogel, Feder: Clan. 530. Des. 343. — *fysh, fyn* — Fisch, Flosse: Clan. 531. Lan. B. XX. 44. — *fyste, fynger* — Faust, Finger: Clan. 1723. Lan. B. XVII. 138. 178. 199. — *king, kyth* — König, Land: Clan. 1305; *kyng of þe kyth.* ib. 120; *kythyn* (Gen. Pl.) *kyng.* ib. 1366. *kynges of þe kythe.* Des. 1014. 120. 2482. 10773. 12347. etc.; Lan. A. III. 197; Jos. 434; *kin o kyght.* Curs. M. V. 7993. F. ib. *king of kiþ*; Gol. a. G. 320. — *out-comlyng, carle* — Fremdling, gemeiner Kerl. Clan. 875. 876. Bar. L. XLII. 9. — *lemanes & ladis* — Geliebte und Frauen: Clan. 1370. 1352. Lan. B. XX. 103. — *maskle and mote* — Fleck und Stäubchen: Clan. 556; Pea. 726. 843. Lan. B. XVI. 111. *moteles and maskeleʒ* ohne Staub und fleckenlos: Pea. 899. 900; ib. 923. 924.

Abtheilung II. 2.

britten and brenne — brechen und brennen: Gaw. 2. Lan. C. IV. 238; Sus. 147. — *drouy & dym* — trübe und düster: Clan. 1016. Curs. M.V. 24418. — *ʒong and ʒepe* — jung und munter: Gaw. 1510. Des. 357. 1242. 2424. 2925. 4164. etc.; Lan. B. XI. 17. — *comly and clene* — wohlanständig und rein (keusch): Clan. 507. 508. Des. 1395. — *cost, care* — Lebenslage, (Drangsal), Kummer. Gaw. 2495. Curs. M.V. 7963. Lan. C. IV. 375. Gaw. 750. — *lye, lurke* — liegen, lauern. Gaw. 1195. Bar. B. V. 192; Lan. B. V. 132. — *lyst, layk* — verlangen, spielen: Gaw. 1111. Lan. B. Prol. 172. — *lyst to loke* — verlangen zu sehen: Gaw. 941. Bar. T. F. II. MS. Douce. 1614; Lyn. II. Mon. 4083. 4505; ib. II. Test. o. th. Pap. 1188. — *ryse and rayke* — gehen und eilen: Gaw. 1076. 1735; Clan. 671; Pat. 65. 89. Bar. L. XXVIII. 435. 436; Gol. a. G. 1070. — *ryse and renne* — sich erheben und laufen: Clan. 797; Pat. 378; Des. 2698. — *swyfte and swyþe* — schnell und rasch (stark): Pea. 354; Clan. 1509; Tri. 833. 834; Gol. a. G. 380. — *stout, store* — stolz, kühn, gross: Gaw. 1923. Bar. B. X. 158. — *steppe, stryde* — gehen, schreiten: Gaw. 2060. Curs. M.V. 5194. 19077. Gaw. 2060.

Abtheilung II. 3.

glyter & glent — glitzern und glänzen: Gaw. 604. 2039. Egl.279.
— *zaule & zelle* — heulen und schreien: Ant.VII. 8; Bar. L. XVI.445;
Lyn.II. Dreine. 165. — *zarke & zelde* — gewähren, wiedergeben: Clan.
1708; Gaw. 820. Lan. B. VII. 80. 83. — *ratte and rende* — zerstückeln
und zerreissen: Clan.144; Gol.a.G.692. — *sunderlepes, ser* — besonders,
verschieden: Pat.12. *sundri and sere*. Curs.M.V.9961. Auch das roman.
seuer ist in die Formel eingetreten: *seuerid and sondrid*. Rich.R.II.14.
— *stiztel & stede* — ordnen und stellen: Gaw. 2137; Clan. 90. Lan. C.
XVI. 40.

Abtheilung III. 1.

brest barc — blosse Brust: Gaw.955. 1741. Des. 11107. — *fyr of
þe flynt* — das Feuer aus den Steinen: Gaw. 459. Curs. M. F. 22482;
Lud.C.XXXI.308,4; Gol.a.G.27.676.758. 857. 978 — *frenkysch fare* —
französisches Gebahren, auffallendes Benehmen. Zur Bestätigung der
Ansicht Scholle's, (Min. Anm. I. 24) dass *Frankis fare* mit der Münze
„Frank", woran Ritson und Wright denken, nichts zu thun habe, sondern
„französisches Gebahren" bedeute, mögen folgende Stellen dienen: *with
frenkysch fare & fele fayre lotez pay stoden*. Gaw. 1116. *ful few find ze
zowre frende, for all zowre Frankis fare*. Min.VI. 20; „*In faith, Noe, I
had as lief thou had sleped, for all thy frankish fare, For I will not doe
after thy red*." Morris. Gaw. p.98. Chest. Myst; *he es made of manhede
ffor all his frankys fare*. Nic. 1294; *ffor hee had leeuer beene att home
then att all their ffrankish ffare*. P. Fol. II. John de Reeue.826. Die
Uebersetzung mit „liber, liberalis", welche Furnivall und Hales dazu angeben,
ist unrichtig. Die Tendenz des Gedichtes John de Reeue geht dahin,
den Leser von den Vorzügen der einfachen und derben Sitten des
englischen Bauern vor der fremdländischen ritterlichen Etiquette zu
überzeugen. John de Reeue, der Leibeigene und Held des Stückes, verachtet
das französische Ceremoniell der Ritter bei Hofe, welches ihm
unbequem ist und dem er misstraut. — *lorde of þe lyfte* — Herr des
Himmels. Clan. 1356. 1448. 717. 1493; Gaw. 1256; Lan. C. VII. 424.
— *mansed men* — verdammte Menschen: Clan. 774; Lan. B. XII.86. —
naked nec — blosser Hals: Gaw.420.2498. P.Fol.III. Death.a.Liffe.91.
— *wenyng vn-war* — thörichte Meinung: Pat.115. Bar.L. XXXII.437; Min.
VI.8. — *wylsum way* — wilderWeg: Gaw. 689.Nic.1604.Lyn.V.Descript.o.
Peder Coff.64. P.Fol.II. Egl. 802. ib. John de Reeue. 36. Nic. 1365. —
starande ston — strahlender Stein: Des.3037.11943; Morris.All.Poems.
p.195.K.Alex.p.28; Clan.1396.

Abtheilung III. 2.

banne bytterly — grausam verbannen: Clan.468; Lan.B.XI.30.—
blypely blesse — freudig segnen: Clan. 1718; Pea. 385; Curs.M.T.1935.
ib.V. 10515. — *breued in boke* — geschrieben im Buche: Gaw. 2521;
Clan.197; Des.14.65.3736.3861.5518. etc. — *buske to bedde* — zu Bett
gehen: Gaw.1411.Des.9174; Jos.202.233; P.Fol.II. John de Reeue.551.
— *do doun* — niederschlagen, niederstürzen: Clan. 1801; Tri. 884; Bar.
B.V. 634. — *draze on-dryze* — bei Seite ziehen: Clan. 71; Gaw. 1031;
Des.10043.11647; Ant.XLIV.3; Ell.R.I.M.Arthure.386,9; Gol.a.G.110.
— *ferly fayn* — ausserordentlich froh: Gaw. 388; Clan. 962; Tri. 2430;
Curs. M. G. 2851. 5187. — *ferly fayre* — wunderbar schön: Gaw. 1694;
Bar.L.XXXII.63.XLVI.175.XXXV.191; Curs.M.V.4263; Gol.a.G.475.
— *founde fyrre* — weiter gehen: Curs.M.App.IV.Cat.249; Clan.764.—
gleme as golde — glänzen wie Gold: Gaw. 598; Gol. a. G. 21. — *haylse
hendly* — freundlich grüssen: Gaw.829; Des.1792; Lan.B.V.101.VIII.10;

— 79 —

Pl. Cr. 231; Ant. XXVII. 8; Curs. M.V. 7396. — *hourle hele ouer hed.* Pat. 271. *hurlit hym donn hedlynges* kopfüber stürzen: Des. 7485. 9483. 10980. — *bykenne to Krist* — dem Schutze Christi empfehlen: Gaw. 1307. 2067. Stratm. p. 51a. Will. 5424; Lau. B. II. 49. VIII. 59. — *comlyly kysse* — höflich, zart küssen: Gaw. 1505. 974. 1118. 1389; Des. 871. — *luflych laze* — lieblich lachen: Gaw. 1756. 2514. 1777. 1206. 1297. Lan. C. IV. 55. — *mete wyth menske* — mit Freundlichkeit begegnen: Gaw. 834; Am. a. A. 690. — *rayke radly* — schnell eilen: Clan. 671; Pat. 65; Gaw. 1735; Des. 6953. Vgl. die Wendungen mit *rad: rakit rath*. Bar. L. XXVIII. 435. 436; Gol. a. G. 371. — *rayled richely* — reich geschmückt: Gaw. 163. 952. Stratm. p. 276. a. Will. 1618; P. Fol. I. Th. Turke a. Gow. 81. — *slayn for slyzt* — mit List erschlagen: Gaw. 1854; Des. 1296. 9038. — *slyde on slepe* — in Schlaf verfallen: Pat. 200; Pea. 59; Des. 6; Av. XVII. 15. — *slyppe rpon slepe* — in Schlaf verfallen: Pat. 186; Gaw. 244; Des. 2378. 8428. — *softly say* — leise sprechen: Gaw. 915; Lau. A. III. 36. — *sulp in sinne* — mit Sünde beflecken: Clan. 550. 1135; Curs. M.V. 22491; Pea. 726. *synful & sulped* — sündig und befleckt: Clan. 15. — *scharpe schote* — schnell schiessen: Clan. 850; Des. 4739. — *tor for to tell* — schwierig, langweilig zu erzählen: Gaw. 165. 719; Curs. M.V. 13927. 14360. 16630. 24544; Gol. a. G. 898. 1341; Ant. X.4; Gol. a. G. 42. 33. 213. — *ponkke proly* — lebhaft danken: Gaw. 939. 1867. 1868. 2152; Des. 8832. 9972. 12724. — *pringe pro* — ungestüm drängen: Gaw. 1021; Gol. a. G. 60. — *welcume worpily* — würdig bewillkommnen: Gaw. 1759. 1477; Des. 513. 1793. 7912. 13134. 9703. etc. — *start onstray* — irre gehen, auf die Seite gehen: Gaw. 1716; Pea. 1162; Gol. a. G. 19. 992. — *steppe in-to stirop* — in den Steigbügel steigen. Gaw. 2060. — *stifly strike* — kräftig schlagen: Gaw. 287. 671. 2099; Av. XXI. 10; Tria. 886. — *stiztle in stalle* — sitzen, herrschen auf dem Throne: Gaw. 104; Curs. M. G. 22093. — *strike sturneliche* — stark schlagen: Lau. C. I. 197; Av. XV. 15; Gaw. 2099; Tri. 2347; P. Fol. II. Tria. 1059.

Abtheilung III. 3.

burne bozez — der Mann geht: Clan. 1242. 1551. 2524; Des. 2511. — *follke flokkez* — das Volk schart sich zusammen: Clan. 386; Gaw. 1323; Ant. XXVI. 6; Clan. 837; Curs. M.V. 3992. — *cloudes clateren* — die Wolken zerreissen, zerstreuen sich: Clan. 972; Des. 12501. — *a layk lykez me* — ein Spiel gefällt mir: Clan. 1064; Ant. XLII. 5. — *pryde prykez* — der Ehrgeiz, Stolz stachelt an: Gaw. 2437. 2049; Lan. B. IX. 8; C. XXIII. 148; P. Fol. III. Death. a. Liffe. 430. — *rachez rennez* — Jagdhunde laufen: Gaw. 1420; Erc. 96. — *reche rysez* — der Rauch steigt auf: Clan. 1009; Bar. B. IV. 130. — *snawe sniterez* — der Schnee treibt: Gaw. 2003; Ant. VII. 4. — *wawez walterez* — die Wogen wälzen sich: Pat. 142; Bar. B. III. 699. 700. 719; Des. 12504. 12508; Bar. T. F. I. 457. — *worme wrypez* — der Wurm windet sich, krümmt sich: Clan. 533. — *worme wrotez* — der Wurm wühlt auf: Pat. 467; Curs. M.V. 23281. — *speche springez* — ein Gerücht entsteht: Pat. 365; Gaw. 1778; Des. 3536.

Abtheilung III. 4.

byde bur — einen Schlag aushalten: Gaw. 290. 374; Pat. 7; Des. 171. 570; Clan. 32. — *brayde out pe boweles* — die Eingeweide ausreissen: Gaw. 1609; Des. 11803. — *brayde out pe bronde* — das Schwert ausziehen: Gaw. 1901. 1584; Des. 6407. 10543. 10685; Ant. X.5; Av. XIV. 6; Gol. a. G. 757. — *drede dryztyn* — den Herrn fürchten: Curs. M.V. 271. 3121. 3413. 4360. 5344. etc.; Clan. 295; Pat. 372. — *dryue in pe dale* — zu Thale treiben: Gaw. 1151, vgl. Gaw. 2005; Min. X. 3. — *dryze dynt* — einen Schlag aushalten: Gaw. 560; P. Fol. III. Bosw. Fcilde. 588. 1b. Death.

a. Liffe. 263. — *hyde harme* — sein Leid verbergen: Gaw. 2511; Des. 252. 718. — *clymbe clyfleʒ* — Felsen besteigen: Clan. 405; Des. 13677; Gaw. 2078. — *lyfte vp þe yʒe-lyddeʒ* — die Augenlider aufmachen: Gaw. 446; Crow. K. 25; Curs.M.V.19788. — *scher out þe schuldereʒ* — die Schulterstücke herausschneiden: Gaw. 1337; Gol. a. G. 634. — *telle of þe tenþe dole* — den zehnten Theil erzählen: Gaw. 719; Curs. M.V. 14118.14119.16715.16716.17079; Gol.a.G.760. — *wayne vp a wyndow* — ein Fenster aufmachen: *wayneʒ vp a wyndow & on þe wyʒe calleʒ*. Gaw. 1743. Die Lesart der Handschrift darf nicht in *wayneʒ* geändert werden, denn sie ist durch folgende Stelle gesichert: *waynet up a window, the welkyn beheld*. Des. 678. vgl. hierzu: Panton u. Donalds. Notes zu Destr. of Troy, wo noch folgende ähnliche Wendung angeführt wird: *He wayned up his viser fro his ventaile*. Ant.Arth. In ähnlicher Bedeutung erscheint *wayne* auch Des.9783.13796. Pant. u.Don. leiten es daher von ae. *gewænan (to turn)* ab. — *wale wyne* — Wein auswählen, auslesen: Des.373.386; Ant.XXVII.3; Clan. 1716; Gaw. 1403. — *welde a won* — eine Wohnung besitzen: Pat. 464; Curs.M.G.4353; Gol.a.G.37.781. — *spende speche* — eine Rede reden: Gaw.410; Pea.1132; Lan.A.VIII.50. — *stonde a strok* — einem Schlage widerstehen, einen Schlag aushalten: Gaw.294.2286; Ell.R.I.M.Arthur.387, 6.

B. Gemischte Sprachformeln.

Abtheilung II. 1.

beste, bent — Thier, Feld: Clan. 532; Pat.392; Ell.P.II.35, 13.14. — *ineles, gemmes* — Kleinode und Edelsteine: Clan. 1441; Pea. 253; Des. 5494. 10585. 11941; Rich. R. I. 38. — *gift, garysoun* — Geschenk, Kostbarkeiten: Gaw. 1807. germanisch: *giftus, gersums*: Ant. LIV. 8. — *þo citees & her sydes* — die Städte und ihre Mauern: Clan.968; Des.11871.

Abtheilung II. 2.

foule & felle — böse und verwegen: Gaw. 717; Curs. M. F. 2197. — *see & saue* — bemerken (geleiten) und erretten: *(our lorde) his seruauntes wolde see & saue of such wope*. Clan. 988. *god you saue & see!* P.Fol.I.S. Alding. 22; ib. II. K. Estmere. 38. 72. — *strok and stryf* — Schlag (Kampf) und Streit: Gaw.2323; L.II.R.VIII.144; Lud.C.XXXV. 344, 19. XXXVI. 356, 14. — *entyse, telle* — anregen, (erregen), erzählen: Clan.1808; Lan.B.XIII.431.

Abtheilung II. 3.

borgoun & bere blomeʒ — sprossen und Blüthen tragen: Clan. 1042; P.Fol.III. Death.a.Liffe. 71. — *feʒt & fende* — fechten und sich vertheidigen: Clan. 1191; Lan. B. XIX. 61. — *fetyse & fayr* — wohl geformt und schön: Clan. 174; Des. 3075. 3081. — *gracious, gode* — gnädig, gut: Pat.26; Gaw.920; Gol.a.G.118.389.1124.— *calle & clayme* — rufen und flehen: Clan. 1097; Curs. M. F. 8704. — *plyt, peril* — Noth (Bedrängniss), Gefahr: Pat.114; Gol.a.Gaw.733.1305. — *terme, tyde* — Termin (Zeitpunkt), Zeit: Clan.1393; Lud.C.X.100,13.

Abtheilung II. 4.

solace, sorʒ — Freude, Kummer: Clan. 1080; Lan. C. XIII. 208. XIX.19. — *trecherye, trawþe* — Verrath, Treue: Gaw.2383; Lan.C.I.12.

— 81 —

Abtheiluug III. 1.

baret on bent — Kampf auf dem Felde: Gaw. 2115; Des. 8556.
10285. — beryl bryʒt — glänzender Beryll: Pea. 110; Gol. a. G. 896;
Clan. 1132; Lud. C. XLII. 402, 22. — delful dynt — schmerzlicher
Schlag: Gaw. 560; Tri. 8341; P. Fol. III. Death. a. Liffe.318; ib.Bosw.
Feilde.603. — dere dame — würdige Frau: Gaw.470; Percy Soc.XIII.Ball.
11, 26. — dere duk — edler Herzog: Gaw. 678; Clan. 1367; Gol. a. G.
9. 206; P. Fol. 1. Scot. FFeilde. 112. — gay gere — geputzter, bunter
Anzug: Clan. 1811; Ant. XXXIX. 2; Av. XXI. 8; Am. LVI. 1; Gaw.79;
Clan. 1568. — comly castel — stattliches Schloss: Gaw. 1367. 767; P.
Fol.III. Death a.Liffe.43. — curious craft — sorgfältige Geschicklichkeit
(Kunst): Clan. 1452; Lyd. 35, 25. — mayster of po men — Herr der
Männer: Clan. 1237; Pl. Cr. 269. — mayster myʒty — mächtiger Herr:
Clan. 1237; Skr. 11, 8. — stynkande stanc — stinkender Teich (Pfuhl):
Clan.1018; Curs.M.V.23191.23195; Des.11189.

Abtheilung III. 2.

birle in bolleʒ — in Schalen ausgiessen: Clan.1511; Av.XLVI.14.
— fayre of forme — schön von Gestalt: Clan. 253; Lan. B. XIII. 297;
Lyn. IV. Est. 1306. II. Test.o.th.Pap.83; Des.8382; Av.I.2. — defoule
by fylþe — mit Schmutz beflecken: Pat. 290; Clan. 1798; Des.11988. —
fulʒe in font — im Taufstein taufen: Clan. 164; Ant.XVIII.4. — furred
fyne — schön mit Pelz besetzt: Gaw.1757; Rob.H.I.175, 22. — arayed
for þe rydyng — zum Reiten gerüstet: Gaw. 1134; Lud. C.XVII.161,2;
Ell. P. I. 364, 9. — aray ryalle — königlicher Aufzug: Pea. 191; Lud.
C.XVII.161, 2. — sitte soberly — ruhig (ernst) dasitzen: Gaw.940; Ell.
P.II.97,1. — wast wyth werre — mit Krieg verwüsten: Clan.1178; Curs.
M.V.18230.ib.Gal.27839.

Abtheilung III. 3.

beste byteʒ — das Thier frisst: Clan. 532; Pat. 392; Lan. C.
XVIII.29; Bar.L.XLV.271. — coltour cerues — die Pflugschar schneidet:
Clan.1547; Lan.A.VII.97.

Abtheilung III. 4.

bede a buffet — einen Schlag anbieten: Gaw. 382; Pl. Cr.636. —
abide a buffet — einen Schlag aushalten: Gaw. 1754; Av.IV.15; Minst.
III. 21, 7; P. Fol. III. Carle o. Carlile. 236. — gete grace — Gnade
erlangen: Gaw.2480; Lan.A.IV.124.VI.126; Curs. M.V. 3421; Lud. C.
Prol.18,11. — hent a hurt — eine Wunde empfangen: Gaw.2484; Gol.
a.G. 727. — cache comfort — Freude empfinden: Gaw.1011; Des.9255.
11276. — cache counseyl — Beschluss fassen: Clan. 1619; Des. 9260.
9800. — lache a lace — eine Schnur nehmen: Gaw. 1830; Theo.350. —
likke lykores — Getränke trinken: Clan.1521; Lyn.V. Supplication.104.
— teche to a terme — ein Ziel, Merkmal zeigen: Gaw.1069; Lan.B.XII.
237. — tent to a tale — aufmerksam sein bei einer Erzählung: Curs.
M.V. 13870; Gol. a. G. 149; Clan. 676; Gaw. 624. Ebenso tent, teche:
Clan. 676; Curs.M.V. 13870.

C. Romanische Sprachformeln.
Abtheilung II. 1.

duke, dece — Herzog, Thronsessel (Ehrensitz): Clan.38; Des.501.
— prynces and prelates — Fürsten und Prälaten: Pat. 389; Des. 206;
Lan.A.VIII.48; Curs.M.V.22; Lyn.II.Traj.426. — ciambre, cheminé —
Zimmer, Kamin: Gaw.978.1030.1666.1667; Lan.B.X.98.

Abtheilung II. 2.
traysoun & trichcherye — Verrath und Hinterlist: Clan.187; Lan.
C.1.12.XXI.321. — *tyxt, teme* — Text, Thema: Pat.37; Gaw.1541;
Lan.B.XI.106.

Abtheilung III. 1.
delful desystymé — trauriges Geschick: Clan.400; Bes.3,13. 9,24;
P.Rel.Elegy on Henry Fourth etc. 2. — *chef of chevalrye* — Führer
der Ritterschaft: Clan.1238; P.Fol.I.FFlodd.FFeilde.98.ib.II.Tria.669.

Abtheilung III. 2.
pray prestly — indringlich bitten: Des. 7094. 8305. 9698. 13333;
Pat. 303. — *rengne in reysoun* — mit Gerechtigkeit regieren: Clan.328;
Curs.M.F.8515. — *venge on her rilanye* — sich wegen einer Schurkerei
rächen: Pat.71; Des.3660.2768.6912.10885.10422.13035.11011.etc.

Abtheilung III. 4.
keuer comfort — Trost erlangen, Muth lassen, Freude empfinden:
Pat.485; Gaw.1221.1254; Des.5978; Curs.M.V.15575.

Die Zahl der hier angeführten Formeln beträgt 706; davon sind:

	germanische	gemischte	romanische
allgemein gebräuchlich:	459 (84%)	72 (13%)	14 (3%)
minder verbreitet:	102 (63%)	49 (30%)	10 (7%)

Hiernach stellt sich der Procentsatz der romanischen Formeln zu
den germanischen bei letzteren bedeutend günstiger als bei ersteren.
Ich habe eine Wortverbindung noch nicht für volksthümlich erklären
können, sobald sie nur in nordwestlichen und nördlichen Denkmälern zu
belegen war. Der Romanstyl dieser Gebiete, welcher sich vom Westen
über den Norden verbreitete, bewahrte seine besonderen Eigenthümlich-
keiten. Vielleicht können jene Formeln auch weiteren Aufschluss über
die Stellung der Dichter der Allit. P., des Gawayne, der Susanna,
Destruction of Troy, Golagros und Gawain und der Vision of Piers the
Plowm. zu einander geben, denn hierfür ist ausser einer Untersuchung
des Gebrauches der alltäglichsten Wörter auch ein Vergleich der allite-
rierenden Wortformeln wichtig.

Das Formelverzeichniss macht keinen Anspruch auf absolute Voll-
ständigkeit, denn für die altgermanischen Sprachen standen mir zwar
hinreichende Hülfsmittel, für das Mittelenglische aber nur eine bestimmte
Anzahl von Texten zu Gebote. Chaucer konnte nur nach der keineswegs
erschöpfenden Sammlung Lindners verglichen werden, denn eine gewisse
Beschränkung war nöthig. Das Altnordische ist, da ich mich auf den
Gebrauch des Lex. poet. ed. Egilsson und des Glossars von Möbius be-
schränken musste, von mir nur exempelweise hinzugezogen worden, um
den gemeingermanischen Character der betreffenden Formeln zu veran-
schaulichen. Es sind aber auch in jene Dichtungen der wallisischen
Mark Alliterationsformeln eingedrungen, die nur im Altnordischen Anhalt
finden. Jedoch musste ich dieselben vorläufig unberücksichtigt lassen,
da es hierzu sehr eingehender Untersuchungen bedurft hätte. Der
Reichthum der mittelenglischen Sprache an volksthümlichen Alliterations-
formeln ist so gross, dass es einer sehr umfangreichen Arbeit und jahre-
langen Fleisses bedürfte, dieselben vollständig nach Herkunft und Ver-
breitung zu prüfen.

VITA.

Geboren als Sohn des Lehrers J. Fuhrmann am 28. März 1857 zu Neumünster i./H. und auf den Namen Johannes Maximilian Hartwig Fuhrmann nach evangelisch-lutherischem Ritus getauft, besuchte ich zunächst die Volksschule meiner Heimatsstadt und dann die Realschule 2. O. ebendaselbst. Nachdem ich von letzterer Ostern 1875 mit dem Maturitätszeugniss entlassen war, trat ich in die Gelehrtenschule des Johanneums zu Hamburg ein. Das Abiturientenexamen bestand ich daselbst Michaelis 1880.

Meine Universitätsstudien begann ich in Berlin, wo ich von Michaelis 1880 bis Ostern 1882 und von Michaelis 1882 bis Michaelis 1883 Vorlesungen hörte. Im Sommer 1882 war ich behufs praktischer Erlernung der französischen Umgangssprache an einem Institute in Brüssel als Lehrer thätig und trat darauf Michaelis 1883 in den Verband der Kieler Universität, der ich bis Ostern 1885 angehörte. Am 16. Januar 1886 bestand ich das examen rigorosum.

Die Vorlesungen und Uebungen folgender Herren Professoren habe ich vorzugsweise besucht: Tobler, Stimming, Zupitza, H. Möller, Sarrazin über französische und englische Philologie; Treitschke und Bresslau über Geschichte; Foerster über lateinische Grammatik; Zeller, Paulsen, Erdmann und Krohn über Philosophie und Pädagogik. Ihnen Allen bin ich zu Dank verpflichtet, besonders wird mir aber die anregende Lehrthätigkeit des Herrn Professor Stimming und des Herrn Dr. Sarrazin dauernd in Erinnerung bleiben.

THESEN.

I.
Einer kritischen Ausgabe von Shakespeare's Hamlet ist nicht der Text der Qu. 1. und Fol. 1., sondern der Qu. 2 zu Grunde zu legen.

II.
Das mittelenglische Gedicht „The Pearl" stammt vom Verfasser der Clannesse, der Patience und des Gawayne.

III.
Gawayne v. 1743 ist nicht *waynez* zu setzen, sondern die handschriftliche Lesart *waynez* beizubehalten.

IV.
Die alliterierende Sprachformel *frenkysch fare* Gaw. 1116 ist mit „französisches Gebahren, auffallendes Benehmen" zu übersetzen.

V.
Die Abfassungszeit der Dichtungen Clannesse und Patience ist nicht mit Morris um 1360, sondern **nach 1377** anzusetzen.